Pierre BOURDIEU
ピエール・ブルデュー

プロフィール

◆1930年、フランスのピレネー山脈に近い農村ダンガンに生まれる。父は郵便局員。ポー市の高校、パリのルイ・ル・グラン高校を経て、1951年、高等師範学校（エコル・ノルマル・スュペリユール）入学。同期にポール・ヴェーヌ（古代ローマ史）、ジェラール・ジュネット（テクスト理論）、クリスチアン・メッス（映像理論）がいる。また、ブルデューの前後には、ミシェル・フーコー（46年入学）、エマニュエル・ルルワ＝ラデュリー（49年）、ジャック・デリダ（本名ジャッキー。52年）、ミシェル・セール（52年）などがいる。

◆1955年、哲学教授資格を取得後、ムーラン市の高校で教えたが、兵役でアルジェリアに勤務したのを機にカビリア地方の民族学的研究に従事。社会学に方向転換。アルジェ大学文学部助手（58-60）、パリ大学文学部助手（60-61）、リール大学文学部助教授（61-64）を経て、1964年以来、社会科学高等研究院（EHESS）教授。併せて1981年、コレージュ・ド・フランス教授に選任される。70歳の定年に達したため、2001年3月28日、最終講義をおこなった。現在、コレージュ・ド・フランス名誉教授。ブルデューの退任に伴い、社会学講座は消滅した。

◆主要著作 『アルジェリアの社会学』(58)、『アルジェリアの労働と労働者』(63)、『デラシヌマン』(64)、『遺産相続者たち』(64)、『再生産』(70)、『ディスタンクシオン』(79)、『実践感覚』(80)、『ホモ・アカデミクス』(84)、『国家貴族』(89)、『芸術の規則』(92)、『世界の悲惨』(93)、『パスカル的省察』(97)、『男性支配』(98)。1975年以来、季刊研究誌 Actes de la recherche en sciences sociales を刊行し、みずからの論文はもちろん、教え子の研究成果を掲載している。

◆1993年、それまでの学問的業績に対して、国立科学研究機構（CNRS）のゴールド・メダル賞が授与された。

解説

加藤 晴久

「ハビトゥス」「文化資本」「界」といった概念を駆使した力動的構造主義社会・文化理論で知られるフランスの社会学者ピエール・ブルデューは、いまや世界の人文・社会科学界でE・デュルケームやM・ウェーバーのそれに並ぶ大きな影響を及ぼしている。90年代に入ってからは、「象牙の塔」を出てネオ・リベラリズム経済政策を批判する活発な論陣を張っている。この社会参加の軌跡は『市場独裁主義批判』『メディア批判』(共に藤原書店刊)にまとめられている。この両書はフランスで10万部を越えるベストセラーになった。英語その他の言語に翻訳され、ヨーロッパだけでなく南米諸国でも反グローバリゼーションの運動に理論的根拠を提供している。フランスで「今日のサルトル」と言われるゆえんである。

そのブルデューが国際交流基金の招きで2000年10月はじめ来日した(89年、93年

に続いて3度目）。10月3日、都内で行われた「ネオ・リベラリズムと新しい支配形態」と題する公開講演会（恵泉女学園大学主催）には、定員400人のところ500人をこえる聴衆が詰めかけ、会場は静かな熱気に包まれた。ブルデューの思想と行動の影響が日本の若い人々の間にも浸透しつつあることをうかがわせた。

■グローバリゼーションは『神話』

　その聴衆にブルデューはこう語った。いま世界中で魔法の呪文のように唱えられている「グローバリゼーション」という言葉にはふたつの意味がある。ひとつは、輸送交通手段や情報技術の飛躍的な発展を背景に、また、規制緩和等の法的・政治的施策によって進行しつつある、世界経済と金融の一体化の過程である。これはひとつの現実を「……である」と記述する用法である。

　ところが「グローバリゼーション」は「……であるべきである」という、ある目標達成を義務づけるスローガンとしても機能している。すなわち、世界経済と金融の一体化をさらにいっそう推進するのに障碍となるさまざまな規制を取り払い、自由な競争にもとづく世界市場を実現し

なければならない、しかも、この過程は自然界の進化と同じように人間の力の及ばない不可避の運命なのだ、と人々に思いこませる役割を担わされている。

　このお題目としての「グローバリゼーション」は「神話」だ、とブルデューは言う。「グローバル・スタンダード」とか「合理的経済活動の基準」として世界に押し広げようとしているものは、アメリカという個別社会の特殊な歴史と構造に深く根を下ろした経済的特殊性の普遍化にほかならない。「小さな政府」を柱とするアメリカ的な政治的経済的社会的モデルを——圧倒的な政治・軍事力、経済力、科学技術研究の先進性、世界共通語としての英語の地位、映画など大衆文化を利用して——普遍化しようとしているのである。世界銀行やIMF、WTOなどの国際機関は、こうしたネオ・リベラリズム政策の実施機関にほかならない。

　その結果はどうか。モデルであるはずのアメリカで、平等・機会均等どころか、階層間、人種間の経済的・社会的格差が拡大している。他の地域（日本をも含む）では、資本の収益性を最優先させる大機関投資家が支配する金融市場の構造的効果として、生産の海外移転、中小の企業の倒産、リストラ、不安定就労（契約社員、派遣社員）、

失業、自殺、非行、犯罪、麻薬常用、アルコール依存症、ストレス、悩み、いわゆる社会問題が増大する。こうした「社会的コスト」は長い目で見れば、ネオ・リベラリズム経済にとってもマイナスのはずだ。

■現実を変える『幸福の経済学』

では、私たちはどうすればよいのか？ ペシミズムに陥ってはいけない、とブルデューは言う。いま世界各地で、野放しのグローバリゼーションを批判し、「幸福の経済学」(economics of happiness)を提起する社会運動がわき起こっている。シアトル、ワシントン、ダボス、プラハ、ポルトアレグレで多くの活動家と研究者が連帯してIMF、WTO、世界銀行等へ異議申し立ての行動を組織した。諸国際機関の首脳の耳にも一定の効果を与えている。

「現実を変えることは不可能ではない」。これが、フランスの70歳の社会学者が21世紀を生きなければならない日本の若者たちに残したメッセージである。

編集・構成／訳・解説

加藤　晴久
かとう　はるひさ

1935年生まれ。
恵泉女学園大学教授・東京大学名誉教授。
専門はフランス語とフランス社会思想。

Néo-libéralisme et nouvelles formes de domination

新しい社会運動
ネオ・リベラリズムと新しい支配形態

Pierre Bourdieu

訳・加藤晴久

> ・[ ] 内の部分は講演原稿にはなく、ブルデューが講演のなかで補った部分。
> ・質疑応答の部分（本書の後部に掲載）はCD-ROMに収録することができなかった。

講演テクスト

Pierre Bourdieu
Néo-libéralisme et nouvelles formes de domination

1 [Je remercie Monsieur Arai Sasagu, président de l'Université Keisen, et Monsieur Kato pour les paroles de bienvenue très touchantes qu'ils viennent de prononcer et qui font de chacun de mes voyages au Japon un véritable bonheur et pas seulement un honneur.]

2 [Hier, pour les spécialistes des sciences sociales, j'ai présenté certains travaux spécialisés, techniques, notamment sur le champ de l'édition, et aujourd'hui, m'adressant à un public plus large, je vais présenter des réflexions qui sont un prolongement de mes recherches les plus techniques, notamment celles que j'ai présentées dans mon dernier livre *Les structures sociales de l'économie*, mais qui rejoignent certaines questions politiques d'actualité.

Ces analyses que j'ai présentées hier fournissent un certain nombre d'instruments que je vais utiliser aujourd'hui dans les analyses que je voudrais vous présenter, comme la notion de « champ ».]

・訳文の[　]内で字句のポイントが小さいものは訳注。

講演テクスト　訳

ピエール・ブルデュー
ネオ・リベラリズムと新しい支配形態

1 [恵泉女学園大学の荒井献学長と加藤晴久教授が述べてくださった、心のこもった歓迎の言葉に感謝します。このような言葉に接すると、日本に招聘されることは単に名誉であるだけでなく、真の意味での幸せであることが痛感されます。]

2 昨日、社会科学の専門家を対象に、専門的、技術的な研究成果を紹介しました。特に、出版の界について話しました。今日は、より広範な聴衆を前にお話しするわけですが、その内容はきわめて専門的な研究、特に『経済の社会的諸構造』というわたしのいちばん新しい本のなかで展開した考察の延長線上にあります。と同時に、現在の政治的な問題とも関連するお話です。

　昨日述べたことには、今日のお話でわたしが使う分析用具がいくつか含まれています。たとえば「界」（仏 champ ／ 英 field）という概念です。

3 Le discours dominant, dont la forme exemplaire est sans doute l'idéologie de la « fin des idéologies », ou l'idéologie de la « fin de l'histoire », qui est une simple remise au jour de la formule précédente qui faisait florès aux années 60, ce discours dominant donc repose sur le postulat qu'il n'y a plus d'autre choix économique que le néo-libéralisme.

Toute critique du nouvel ordre économique mondial est identifiée à une rechute dans un marxisme disqualifié par son assimilation malheureuse au soviétisme.

Le discours dominant omniprésent dans les livres, dans les journaux, dans les cerveaux, paraît si indiscutable que c'est le fait même de le discuter qui paraît discutable.

Or, tout un mouvement critique s'est développé, partout dans le monde, qui, tout en marquant une rupture tranchée avec toute forme de socialisme autoritaire, s'appuie à la fois sur de nouvelles formes de mobilisation et d'action et sur un travail théorique tout à fait nouveau.

L'avenir de ce mouvement social international dépendra d'une part de sa capacité de s'unifier par delà les différences liées aux particularismes nationaux et aux

3 支配的な言説の典型的な形はたぶん「イデオロギーの終焉」あるいは「歴史の終焉」というイデオロギーでしょう。このイデオロギーは60年代に流行った表現を現代風に焼き直したものにすぎません。この支配的言説の土台になっているのは、もはやネオ・リベラリズムの他に経済的選択肢はない、という公理です。

新しい世界経済体制に対する批判はすべて、不幸にしてソ連の体制と同化されてしまったために信頼を失ってしまったマルクス主義という病の再発と見なされてしまいます。

書物や新聞、人々の頭のなか、いたるところで支配的な言説はまったく議論の余地がないとされているがために、それを議論すること自体がおかしいと思われています。

しかしながら、世界中いたるところで、批判的運動が展開されています。この運動は権威主義的な社会主義のいっさいの形態ときっぱり縁を切り、新しい動員・行動形態と、まったく新しい理論的探求に依拠した運動です。

この国際的社会運動の成否は、次の二つの課題にかかっています。ひとつは、あれこれの形の権威主義的な「集中制」の弊に陥ることなく、また、それぞれの国の特殊性と「政治的」伝統の違いを

traditions « politiques » sans succomber à telle ou telle forme de « centralisme » autoritaire et d'autre part de cumuler harmonieusement les contributions des responsables militants, plus tournés vers des formes nouvelles d'action directe, et celles des chercheurs, plus que jamais indispensables dans la lutte contre des politiques (économiques, et commerciales) scientifiquement armées et légitimées.

■ L'unification du champ économique mondial

4 [L'idéologie de la mondialisation, de la « globalization », enferme une part de vérité à condition d'entendre par là une unification du monde économique, ou plus précisément une unification du champ économique mondial.]

Historiquement, le champ économique s'est construit dans le cadre de l'État national avec lequel il a partie liée.

L'État contribue en effet de mainte façon à l'unification de l'éspace économique (qui contribue en retour à l'unification,... à l'émergence de l'État).

Comme le montre Polanyi dans *The Great Transformation*, l'émergence des marchés nationaux n'est pas

乗り越えて、団結することができるかどうか、です。第二の課題は、新しい形の直接行動をめざす指導的活動家たちの貢献と、科学研究者たちの貢献とを調和的に積み重ねていけるかどうか、です。[ネオ・リベラリズムの]経済政策、通商貿易政策は学問で武装し正当化されているのですから、これとたたかうためには、研究者の貢献が今や不可欠になっています。

■世界経済「界」の一元化

4 [世界化、「グローバリゼーション」のイデオロギーには、経済的世界の一元化、より正確には世界経済「界」の一元化を意味するという限りにおいては、一面の真理が含まれています。]

歴史的には、経済の「界」は国民国家という枠の中で形成されました。国民国家と緊密に関わり合って形成されたのです。

つまり国家はいろいろな仕方で経済空間の一元化に寄与したのです(逆にまた、経済空間は国民国家の一元化…出現に寄与しました。)

[ハンガリー生まれの経済史学者]ポラニー(1886-1964)が *The Great Transformation*『大転換』という本の中で述べていますが、国民国

le produit mécanique de l'extension graduelle des échanges, mais l'effet d'une politique d'État délibérément mercantiliste visant à accroître le commerce intérieur et extérieur (et cela notamment en favorisant la commercialisation de la terre, de l'argent et du travail). Mais, l'unification du champ économique national et l'intégration de ce champ qui en résulte, loin d'entraîner, comme on pourrait le croire, un processus d'homogénéisation, s'accompagnent d'une concentration du pouvoir, qui peut aller jusqu'à la monopolisation, et du même coup, de la dépossession d'une partie de la population ainsi intégrée.

5 [C'est par exemple, j'ajoute cet exemple : la construction de l'État national français qui a fait apparaître l'opposition entre les Parisiens et les provinciaux avec tout le mépris qui est souvent attaché à ces derniers. Et on peut observer des choses analogues dans le cas de l'Angleterre et dans la plupart des états qui se sont constitués.

6 C'est dire que l'intégration à l'État et au territoire qu'il contrôle est en fait la condition de la domination. (C'est évident lorsqu'on observe les situations de colonisa-

家規模の市場は、取引が段階的に拡大した結果として機械的に出現したのではありません。国内交易と外国貿易との拡大を目的とした国家が推し進めた重商主義政策の結果なのです（それは、特に土地と金と労働の商品化を推進することによっておこなわれました）。

　国家規模の経済「界」の一元化と、その結果としてのこの「界」の統合は均質化の過程を導くと思われるかもしれませんが、事実は逆で、権力の集中（独占の段階にまでいたることもある権力の集中）を、また同時に、国家規模の経済「界」に統合された人々の［権利や富の］剥奪をもたらしました。

5 ［それはたとえば、ひとつ次の例を付け加えます。フランス国民国家の建設はパリ住民と地方住民の対立、しばしば後者に対する軽蔑をともなった対立を出現させました。同じような事柄がイギリスやその他の諸国の形成にも見られました。］

6 つまり、国家と、国家が統治する領土に統合することは、実は支配の条件であったわけです。（これはすべての植民地化の状況を見れば明らかなことです）。わたくしはアルジェリアの場合についてそのことを確認することができましたが、実際、経済「界」の一元化は、

tion). En effet, comme j'ai pu l'observer dans le cas de l'Algérie, l'unification du champ économique tend, notamment à travers l'unification monétaire et la généralisation des échanges monétaires qui s'ensuit, à jeter tous les agents sociaux dans un jeu économique pour lequel ils ne sont pas également préparés et équipés, culturellement et économiquement.

L'unification du champ économique donc tend par là à soumettre tous les agents sociaux ainsi intégrés à l'ordre économique imposé, à la norme objectivement imposée par la concurrence de forces productives et de modes de production plus puissants, plus efficients, et ainsi les petits producteurs ruraux sont de plus en plus complétement arrachés à l'autarcie.

[L'artisanat traditionnel est menacé par la confrontation avec des formes de production plus efficaces, etc.]

Bref, contrairement aux apparences, l'unification profite aux dominants.

Et pour une raison entre autres que la différence qui les sépare des dominés est constituée en capital par le seul fait de la mise en relation.

7 [Je vais prendre un exemple très simple, celui des accents régionaux : dès le moment où l'unification cul-

文化的にも経済的にも平等に訓練され平等な武器を備えている状態にない社会的行為者を——通貨の統一と、その結果としての、貨幣を手段とする交換の一般化をつうじて——同じ経済ゲームの中に投げ込むことになりました。

そうすることによって、経済「界」の一元化は、強制された経済秩序に統合されたすべての社会的行為者を、より強力な、より効果的な生産力と生産様式が仕掛ける競争によって、客観的に強制された規準に従わせることになりました。こうして、農村部の小規模生産者は次第に自給自足経済から引き剥がされていったのです。

［伝統的な手工業はより効果的な生産形態との対決によって脅かされることになります。］

要するに、［経済「界」の］一元化は支配層に有利に働くものなのです。

支配層を被支配層から分け隔てる差異は、まさに関係づけという事実によって、資本として形成されるからです。

7 ［簡単な例をひとつ挙げましょう。地方訛りの例です。文化的・言語的一元化が進むと、中央の言語、パリやトゥーレーヌ地方の言語

turelle et linguistique s'opere, la langue centrale, celle de Paris ou de la Touraine devient la norme de tous les parlers locaux, et du même coup les détenteurs de la langue centrale se voient investis d'un capital qui naît de la différence entre la langue centrale et les langues provinciales affectées d'un coefficient négatif et réduites à l'état de patois ou de jargon.
Et on pourrait faire la même chose dans le domaine de l'économie.]

8 Et pour prendre un exemple récent dans le domaine de l'économie, dans les années 30, Roosevelt a dû établir des règles sociales communes en matière de travail (comme le salaire minimum, la limitation du temps de travail, etc.) pour éviter la dégradation des salaires et des conditions de travail qui résulterait de l'intégration dans un même ensemble national de régions inégalement développées.

[Autrement dit, j'y insiste beaucoup, parce que l'idéologie de la colonisation repose sur une sorte de mythification de l'unification. L'unification n'est pas du tout antithétique avec la domination, au contraire. Et ça, c'est paradoxal, je pense que c'est rarement aperçu.]

が地方の話し言葉の規準になります。そのことによって中央の言語の使用者は、中央の言語と地方の言語の間の差異から生ずる資本を所有することになります。地方の言語はマイナスの係数を付加され、田舎弁あるいはジャーゴンの地位に引きずり下ろされてしまいます。

　経済の領域でも同じような例を見つけることができます。]

8 経済の分野で比較的最近の例で説明しますと、1930年代、アメリカの大統領ルーズベルトは、発展の程度が均一でなかった諸地域を同一の国家的集合に統合した結果発生した賃金と労働条件の低下を避けるために、労働問題で共通の社会的ルール（たとえば最低賃金とか労働時間の制限など）を制定せざるをえませんでした。

　［言い換えれば、この点は強調しておきたいのですが、植民地化のイデオロギーは一元化を神話化することの上に成り立っているのです。一元化は支配と対立するものではありません。逆です。パラドクサルなことですが、この点があまり気付かれていないと思います。]

9 Mais ce processus d'unification (et de concentration) que j'ai très rapidement et très superficiellement évoqué restait circonscrit aux frontières nationales. En effet il était limité par toutes les barrières, notamment juridiques, à la libre circulation des biens et des personnes (droits de douane, contrôle des changes, etc.). Il était aussi limité par le fait que la production et surtout la circulation des biens restaient étroitement liées à des lieux géographiques, ce que l'on peut appeler l'effet de lieu se retraduisant économiquement dans des coûts de transport.

Et, ce sont donc ces limites à la fois techniques et juridiques à l'extension des champs économiques qui tendent aujourd'hui à s'affaiblir, voire à disparaître sous l'effet de différents facteurs :

d'une part les facteurs purement techniques, comme le développement de nouveaux moyens de communication tels que le transport aérien ou l'internet,

d'autre part et surtout d'autres facteurs que les défenseurs du néo-libéralisme oublient, des facteurs plus proprement politiques, ou juridico-politiques, comme la libéralisation et la déréglementation qui sont inventées et imposées par des groupes très particuliers.

Ainsi, sous cette double action des facteurs techniques et économiques, relativement inévitables, et donc

9 しかしながら、いま簡単に、ざっと説明した一元化（と集中）の過程は国境の内部に限定されていました。

つまり、財とヒトの自由な流通に対する様々な、特に法的な、障壁（関税とか為替管理など）が限界になっていました。

さらに、財の生産、特にその流通は地理的な場所と緊密に結び付いていたという事実が限界となっていました。いわゆる場所の効果は輸送費用として経済的に転換されるわけですから。

今日、経済の界の拡大に対する、こうした技術的・法的な限界が、さまざまな要因の影響で、弱体化しつつあります。いや、消滅しつつあります。

一方に、純粋に技術的な要因があります。航空輸送とかインターネットといった新しいコミュニケーション手段の発達です。

他方、特に、ネオ・リベラリズムの擁護者たちは忘れがちですが、非常に特別なグループが発明し強制する自由化とか規制緩和といった、より政治的な、あるいは法的・政治的な要因があります。

こうして、相対的に不可避である技術的・経済的要因と、いま述べた政治的要因の二つの作用を受けて、世界経済「界」の形成が促進されます。とりわけ金融部門で。この分野では、コンピュータとい

de ces facteurs politiques, se trouve favorisée la formation d'un *champ économique mondial*, et cela tout particulièrement dans le domaine financier où les moyens de communication informatiques tendent à faire disparaître *les écarts temporels* qui séparaient les différents marchés nationaux.

うコミュニケーション手段のおかげで、かつて国民国家規模の諸市場を分け隔てていた時間的懸隔を消滅させることになります。

■ Le double sens de la globalisation

10 Il faut donc revenir ici maintenant au mot de ⟨ globalisation ⟩ dont j'ai montré rapidement que, en toute rigueur, il pourrait désigner l'unification du champ économique mondial ou l'extension de ce champ à l'échelle du monde. Mais ce mot que l'on entend prononcer ça et là, mais ce mot, on lui fait aussi signifier tout à fait autre chose, en passant subrepticement du sens descriptif du concept tel que je viens de le formuler, à un sens normatif ou mieux, performatif.

On dit : ⟪ Le monde s'unifie. Il faut unifier le monde.⟫ On dit les deux à la fois. On dit à la fois l'être et le devoir être.

La ⟨ globalisation ⟩ désigne dans ce cas une politique économique visant à renforcer l'unification du champ économique par tout un ensemble de mesures juridico-politiques destinées à abattre toutes les limites à cette unification, tous les obstacles, pour la plupart liés à l'État, à l'État-nation, tous les obstacles à cette extension.

Ce qui définit, très précisément, la politiqué néolibérale, inséparable de la véritable propagande écono-

■ グローバリゼーションの二つの意味

10 さて、ここで「グローバリゼーション」という言葉に戻らなければなりません。これまでのところで、厳密な意味では、この語は世界経済「界」の一元化、つまり、経済の「界」が世界規模に拡大することを指すと言いました。

ところが、あちらこちらで耳にするこの「グローバリゼーション」という言葉に、まったく別のことを意味させる人々がいます。いまわたくしが述べたような、概念を記述した意味から巧妙に逸れて、規範的な意味、いや、それどころか、言語学で言う「遂行的」な意味を持たせてしまっているのです。

この言葉で、「世界は一元化しつつある。世界を一元化しなければならない」と、同時に二つのことを言っているのです。「あること」と「あるべきこと」を同時に言っているのです。

この場合、「グローバリゼーション」は、一連の法的・政治的施策によって経済の界の一元化を推進することを狙った経済政策を指すことになります。その法的・経済的施策というのは、経済の界の一元化を制限するもの、多くは国家、国民国家と結び付いた障碍、経済の界の拡大に対するすべての障碍を取り除くことを目的としたものです。

mique qui lui confère une part de sa force symbolique en jouant de l'ambiguïté de la notion, c'est précisément cette sorte de double jeu entre le constat et la norme.

11 Donc la « globalisation » économique n'est pas un effet mécanique des lois de la technique ou de l'économie (et il faut rejeter ce déterminisme technologique ou économique). La globalisation donc n'est pas le produit de l'effet mécanique de ces lois, mais le produit d'une politique mise en œuvre par un ensemble d'agents et d'institutions et le résultat de l'application de règles délibérément créées à des fins spécifiques, à savoir la libération du commerce (*trade liberalization*), c'est-à-dire l'élimination de toutes les régulations nationales qui freinent les entreprises et leurs investissements.

Autrement dit, le «marché mondial», comme le marché national lui-même, le «marché mondial» est une *création sociale*, ou plus précisément comme le marché national avait été une création sociale, le «marché mondial» est aussi une création, c'est-à-dire le produit d'une politique plus ou moins consciemment concertée.

Et cette politique, comme à son échelle celle qui avait conduit à la naissance des marchés nationaux, a pour effet

ネオ・リベラリズムの政策は、「グローバリゼーション」という概念の曖昧さを利用して、この語の象徴的な力をその政策に持たせようとする経済的なプロパガンダと不可分の関係にあるのですが、このネオ・リベラリズムの政策を定義するものこそ、この事実確認と規準の強制との使い分けなのです。

11 ですから、経済の「グローバリゼーション」は技術あるいは経済の諸法則の機械的な結果ではありません（こうした技術的あるいは経済的決定論は棄てなければなりません）。

　グローバリゼーションはこれら[技術あるいは経済の]諸法則の機械的効果の産物ではなく、関係する人間と機関が遂行した政策が生み出したものです。通商の自由化という、つまり企業の活動と投資にブレーキをかけるような国内のすべての規制を取り除くという、固有の目的のために入念に作られたルールを適用した結果なのです。

　言い換えれば、「世界市場」は、かつての国内市場と同じく、一つの社会的創造物なのです。より正確に言えば、国家規模の市場が社会的創造物であったのと同じく、「世界市場」もまた、作られたもの、つまり、多かれ少なかれ意識的に練り上げられた政策が作りだした

(et peut-être aussi pour *fin*, au moins chez les plus lucides et les plus cyniques des défenseurs du néo-libéralisme), de créer les conditions de la domination en confrontant brutalement des agents et des entreprises jusque là enfermés dans les limites nationales, en les confrontant donc à la concurrence de forces productives et de modes de production plus efficients et plus puissants, selon le modèle que j'avais évoqué tout à l'heure, du petit artisan qui produit des poteries à la main et qui se trouve brusquement confronté avec la production industrielle de récipients en aluminium.

ものなのです。

　そして、かつて国内市場の誕生を導いた政策と同じく、このネオ・リベラリズム政策は、これまでは国境の内部にいた人々と企業を、いきなり、より効果的でより強力な生産力と生産様式との競争に晒すことによって、支配の条件を作り出すという結果をもたらしました。(ネオ・リベラリズムの擁護者のうちのもっとも冷徹な、もっともシニカルな人々にとっては、これが、つまり支配の条件を作り出すことが、目的でもあったのかもしれません。)この過程は、手で陶器を作っていた小規模の家内工業者が、いきなり、アルミニウム製容器の工業生産に対峙するという、先ほど示したモデルに対応しています。

12 Ainsi, dans les économies émergentes, la disparition des protections assurées par les États nationaux voue à la ruine les entreprises nationales et, pour des pays comme la Corée du Sud, la Thaïlande, l'Indonésie ou le Brésil, la suppression de tous les obstacles à l'investissement étranger entraîne l'effondrement des entreprises locales, rachetées pour des prix dérisoires par les multinationales.

Pour ces pays, les marchés publics restent une des seules méthodes permettant aux compagnies locales de concurrencer les grandes entreprises du nord.

Alors qu'elles sont présentées comme nécessaires à la création d'un « champ d'action global » (je cite un texte de l'OMC), les directives de l'OMC sur les politiques de concurrence et de marché public auraient pour effet, si elles arrivaient à s'appliquer complètement, d'instaurer une concurrence dite « à armes égales » entre les grandes multinationales et les petits producteurs nationaux, et du même coup d'entraîner la disparition massive de ces petits producteurs affrontés à des adversaires démesurés.

C'est un cas où on voit une des applications de cette loi bien connue que l'égalité formelle, lorsqu'elle s'associe à l'inégalité réelle, est favorable aux dominants et défavorable aux dominés.

12 こうして、新興経済国の場合、国民国家が保証していた保護的規制が消滅して国内企業は破綻に追い込まれることになります。韓国やタイ、インドネシア、ブラジルのような国では、外国からの投資に対するすべての障壁が撤廃され、地元の企業は多国籍企業に僅かな価格で買収され、崩壊してしまいます。

　これらの国々では、依然として公共部門市場が、地元企業が北の大企業と競争できる僅かな要因のひとつになっています。

　競争と公共市場に関するWTOの指針は、「グローバルな行動領域」(WTOの文書からの引用です)を創造するために必要であるとされていますが、これが完全に実施されれば、大多国籍企業と国内の小規模生産者との間にいわゆる「対等な」競争関係を作り出すことによって、途方もなく大きな相手を前にした大量の小規模生産者の消滅という結果をもたらすことでしょう。

　これこそ、形式的な平等は現実の不平等と組み合わされるとき、支配層に有利に、被支配層に不利に働く、というよく知られた法則が当てはまるケースです。

13 [Oui, j'ai oublié de dire que les directives de l'OMC, et en particulier celles de l'Accord général sur le commerce des services qui sont actuellement en cours d'application et que les grands états ont signées en signant les accords de l'OMC, ces directives auront pour effet d'interdire toute assistance particulière de l'état par des subventions, par des aides de quelque forme qu'elles soient, à des entreprises nationales, et les institutions qui transgresseraient ces directives seraient soumises à l'arbitrage des juridictions commerciales déjà instituées qui leur exigeraient de fortes amendes ou les obligeraient à retirer ces subventions présentées comme des obstacles à la libre circulation et à la « juste » concurrence.]

14 Je reprends donc le fil de mon discours.

Le mot de « globalisation » est donc bien un *pseudo-concept à la fois descriptif et prescriptif* qui a pris la place du mot de « modernisation », il faudrait dire « modernization », longtemps utilisé par les sciences sociales américaines comme une manière euphémistique de parler de l'« américanisation », au nom d'un modèle évolutionniste naïvement ethnocentrique qui permettait de classer les différentes sociétés selon leur distance à la société américaine.

13 ［付け加えるのを忘れましたが、WTOの指針、特に現在施行されつつある、そしてWTOの諸協定を調印することによって大国が調印した、サービス貿易に関する一般協定の指針は、助成金とかその他の形の援助で、国が国内企業を支援することを一切禁止するという結果をもたらします。この指針に違反する機関はすでに存在する紛争処理機関の審判に委ねられ、多額の罰金を課せられたり、自由な流通と「正当な」競争に対する障碍である助成金を取り消すことを余儀なくされたりすることになります。］

14 話の続きに戻ります。
　つまり「グローバリゼーション」という言葉は記述的であると同時に規範的な意味を持つ疑似概念です。アメリカの社会科学は長い間、アメリカ社会に対する距離の大きい小さいに従って様々な社会を分類する、素朴なエスノセントリズム的・進化論的モデルに従って、「アメリカ化」という代わりの婉曲な言い方として、「近代化」という言葉を使ってきました。「グローバリゼーション」はこの「近代化」に取って代わった言葉です。

Cette société était en effet instituée en terme et en but de toute l'histoire humaine. Et c'est le cas par exemple lorsque l'on prend pour critère en vue d'évaluer le degré d'évolution une des propriétés typiques de cette société dominante, propriété apparemment neutre et indiscutable, comme la consommation d'énergie par tête d'habitant, selon le modèle que Lévi-Strauss critique dans *Race et histoire*. On voit bien que cette vision n'est pas d'aujourd'hui. Elle est présente depuis longtemps dans le discours dominant, même dans sa forme d'ambition scientifique.

Donc ce mot « globalisation » et le modèle qu'il exprime incarnent la forme la plus accomplie de ce que j'appelle *l'impérialisme de l'universel*, l'impérialisme qui consiste, pour une société, à universaliser sa propre particularité, sa propre singularité, ainsi tacitement instituée en modèle universel.

15 [Et pour montrer que je ne sacrifie pas à de l'anti-américanisme naïf, je rappellerai que j'avais montré dans un colloque qui s'est tenu il y a quelques années à Paris et qui était... qui devait donner lieu à une grande confrontation fraternelle et fraternisant entre les sociologues

このアメリカ社会は実際、人類の歴史の到達点、目標に祭り上げられているのです。

レヴィ＝ストロースが『人種と歴史』で批判しているモデルですが、アメリカという支配的社会の典型的な属性のひとつ、住民一人当たりのエネルギー消費量という一見ニュートラルで異論の余地のない属性を、社会の進化の程度を計る基準にするというのは、まさにこのケースです。

こうした見方が古くからのものであることがよく分かります。支配的言説のなかに、科学的体裁を取っていても、ずっと前から存在しているのです。

「グローバリゼーション」という言葉と、それが表しているモデルはわたくしが普遍の帝国主義と呼ぶものを完璧な形で現しています。普遍の帝国主義とは、ある社会が、自分の特殊性、独自性を暗黙の内に普遍的なモデルに祭り上げて普遍化しようとすることを意味します。

15〔素朴な反米主義に陥っているのではないことを示すために、付け加えておきますが、数年前にパリで開催されたシンポジウムで、それはアメリカとフランスの社会学者が友好的な雰囲気のなかで討論するというものでしたが、わたしは自分の発表に「二つの普遍の帝国

américains et les sociologues francais, j'avais intitulé ma communication : *Deux impérialismes de l'universel* pour montrer que si les Français et les Américains s'affrontaient d'une manière particulièrement violente dans beaucoup d'occasions, c'est qu'ils avaient en commun de prétendre à l'impérialisme de l'universel, l'impérialisme de la démocratie américaine, etc. etc. que tout le monde connaît, et l'impérialisme que défendait et que défend toujours la société française, et la société française qui était supposée incarner les droits de l'homme et l'héritage de la Révolution posée en modèle à travers notamment la tradition marxiste, la Révolution française posée en modèle de toute révolution possible. Bon donc, les Américains n'ont pas le monopole de l'impérialisme de l'universel.]

16 Bon alors, cet *impérialisme de l'universel* donc consiste, pour une société, à universaliser ce qu'elle a de singulier, à dire : il faut être ce que je suis.

Et ce modèle, le modèle qui s'inspire de cette philosophie institue le processus d'unification du champ mondial de l'économie et de la finance, c'est-à-dire l'intégration d'univers économiques jusque-là cloisonnés, et désormais organisés sur le modèle d'une économie enra-

主義」というタイトルを付けました。フランスとアメリカはいろいろな機会に激しく対立することがあったけれども、それは両国が普遍の帝国主義を掲げる共通点を持っているからであることを示すためでした。一方は、アメリカン・デモクラシーの帝国主義、これは誰もが知ってのとおりです。他方は、フランス社会が主張した、いまでも主張している帝国主義です。フランス社会を人権の担い手であるとする主張。フランス革命の遺産を、特にマルクス主義の伝統をとおしてモデル、すべての革命のモデルであると見なす主張です。つまり、アメリカが普遍の帝国主義を独占しているのではない、ということです。]

16 ですから、普遍の帝国主義とは、ある社会が、自分の独自性を普遍化すること、「わたしと同じにならなければならない」と主張することです。

　そして、この哲学から生まれたモデルは、世界の経済と金融の界の一元化の過程、つまり、それまで分離していた諸国民経済を、特殊な社会的伝統の歴史的特殊性の中に根を下ろした経済、つまりアメリカ経済をモデルとして組織し統合する過程を、避けることのできない運命、また、世界を解放する政治的プロジェクトであると思い込ませようとするものです。言い換えると、世界の経済と金融の界の

cinée dans les particularités historiques d'une tradition sociale particulière, celle de la société américaine, à la fois en destin inévitable, et en projet politique de libération universelle, ou en d'autres termes, en fin d'une *évolution naturelle*, et en idéal civique et éthique qui, au nom du lien entre la démocratie et le marché, (qui est éminemment discutable mais qui soutient beaucoup de discours idéologiques), qui, au nom du lien entre la démocratie et le marché, promet une émancipation politique aux peuples de tous les pays.

一元化は、自然の進化の到達点であり、民主主義と市場の緊密な関係の名において、すべての国の人々に政治的解放を約束する市民的倫理的理想なのだと信じ込ませようとするものなのです（民主主義と市場が緊密な関係にあるというのは、大いに議論の余地のあるところですが、多くのイデオロギー的言説を支えている主張です）。

17 Et donc le néo-libéralisme (là encore il faudrait analyser les jeux avec différents sens du mot libéralisme), le néo-libéralisme est à la fois une promesse de libération politique et de progression économique. Donc la forme la plus accomplie de ce que j'appelle, pour le plaisir du paradoxe, *capitalisme utopique*, la forme la plus accomplie de ce capitalisme utopique, c'est sans doute le mythe de la « démocratie des actionnaires » (dont vous avez peut-être entendu parler, c'est un économiste américain qui emploie ce langage), la « démocratie des actionnaires », c'est-à-dire l'univers de salariés qui, étant rémunérés en actions, deviendraient collectivement (je cite) « propriétaires de leurs entreprises », réalisant l'association parfaitement réussie du capital et du travail.

Et l'ethnocentrisme triomphant des théories de la « modernisation » atteint des hauteurs sublimes avec les prophètes les plus inspirés de la nouvelle religion économique qui voient dans les États-Unis la nouvelle patrie du (je cite) « socialisme réalisé ».

On voit en passant qu'une certaine folie scientiste qui triomphe aujourd'hui du côté de Chicago n'a rien à envier aux délires les plus exaltés du « socialisme scientifique » qui s'était développé, en d'autres temps et d'autres lieux, avec les conséquences que l'on sait,

17 したがって、このネオ・リベラリズム（ここでもまた、リベラリズムという語のいろいろな意味の使い分けを分析しなければならないところですが）は政治的解放の約束であると同時に、経済発展の約束でもあるということになります。

皮肉をこめてわたしはユートピア資本主義と言っているのですが、このユートピア資本主義の究極の姿は、おそらく、「株主の民主主義」（お聞きになったことがあるでしょう。アメリカの経済学者がこういう言葉を使っています）という神話です。「株主の民主主義」というのは、従業員が株で報酬を貰い、集団として（次は引用です）「自分の会社の所有者」になり、かくて資本と労働の完全な結合が実現するとされる世界です。

こうして、アメリカのなかに「実現した社会主義」（引用です）の新たな祖国を見て取る、経済的新興宗教に凝り固まった予言者たちと共に、さまざまな「近代化」理論のエスノセントリズムがいやが上にも誇らかにのさばることになります。

ついでですが、今日、幅を利かせているシカゴ学派の狂信的な科学主義は、かつてソ連や東欧諸国で増殖した、しかし誰でもが知っているような末路を辿った「科学的社会主義」なるものの熱狂的な妄想に負けず劣らずのものがあります。

18 Il faudrait pour être tout à fait rigoureux démontrer des propositions que j'ai affirmées brutalement. Par exemple le fait que ce qui est proposé et imposé de manière universelle comme la norme de toute pratique économique rationnelle est en réalité l'universalisation des caractéristiques particulières d'une économie immergée dans une histoire (《 embedded 》 comme disait Polanyi, comme disent les sociologues économiques américains), donc l'universalisation des caractéristiques particulières d'une économie immergée dans une histoire et immergée dans une structure sociale particulière, celles des États-Unis.

19 Je ne peux pas faire la démonstration et je vous renvoie sur ce point à mon livre *Les structures sociales de l'économie*, aux pages 24-25
[où je décris un certain nombre de caractéristiques centrales de l'économie américaine dans sa réalité historique, par exemple la faiblesse relative des interventions de l'État dans le domaine de l'économie; par exemple l'exaltation de l'individualisme et de la responsabilité individuelle sur ses actes et sur les résultats économiques de ses actes avec le fantasme de 《 self-help 》, 《 Aide-toi, le ciel t'aidera 》 , etc. etc; la tendance à la commercialisation de toutes les pratiques, par exemple il y a un célèbre livre de sociologie de l'éducation américaine qui s'appelle *The academic market-place*, le marché universitaire, etc.]

18 断定的な命題を並べましたが、本当に厳密であるためには証明しなければならないでしょう。

たとえば、すべての合理的経済活動の規準なのだとして世界中に押し広められているものは、実は、歴史のなかに組み込まれた（ポラニーやアメリカの経済社会学者たちは〈 embedded 〉と言っています）経済の特殊性の普遍化、特殊な歴史と社会構造、すなわちアメリカの歴史と構造に深く組み込まれた経済の特殊性の普遍化に他ならない、ということです。

19 残念ながら、証明する余裕がありません。この点はわたしの近著『経済の社会的諸構造』の24-25ページを参照してください。

［わたしはそこでアメリカ経済の主要な特徴のいくつかを歴史的現実とかかわらせつつ指摘しておきました。たとえば、経済の領域での国家の介入の相対的な少なさです。個人主義の称揚、自分の行為とその経済的結果に対する個人責任の称揚、自助の崇拝（「天は自ら助くる者を助く」）、すべての行動を商品化する傾向、などです。*The academic market-place* というアメリカの教育社会学の本がありますが、まさに「大学市場」というわけです。］

20 Donc il y a tout un ensemble de caractéristiques que je ne peux pas rappeler ici, qui sont propres à la société américaine, à sa tradition historique, et que, sous couvert de théorie économique, on donne comme devant être adoptées par toutes les sociétés, quelle que soit leur tradition.

D'autre part, il faudrait démontrer, faire voir, ou rappeler que, si cette proposition selon laquelle l'économie qu'on donne en modèle à l'univers n'est autre que l'économie américaine telle qu'elle est, il en résulte très logiquement que les États-Unis sont, par définition, la forme réalisée d'un idéal politique et économique qui est, pour l'essentiel, le produit de l'idéalisation de leur propre modèle économique et social.

Et alors, mais le plus important, il faudrait démontrer dans un second temps que, dans ce champ économique mondial unifié que j'ai évoqué, les États-Unis occupent une position dominante qu'ils doivent au fait qu'ils concentrent un ensemble exceptionnel d'avantages compétitifs.

Et ceci n'est jamais dit. L'exaltation de l'idéologie de la concurrence pure et parfaite fait disparaître la question même des rapports de force et en particulier des rapports de force internationaux, entre les nations.

20 ここですべてを挙げることができませんが、要するにアメリカ社会に固有の、アメリカの歴史的伝統に固有の一連の特徴があって、それを、経済理論の装いのもとに、すべての社会が、その伝統の如何にかかわらず、採用すべきだとされているのです。

　他方でまた、指摘し証明しなければならないのは次のことです。つまり、もし、世界にとってのモデルであるとされる経済は今のアメリカ経済そのものに他ならないという、この命題が［正しいとすれば］、そこから論理的に次の結論が出てきます。つまり、アメリカは、定義からして、ひとつの政治的経済的モデルが現実化した形だ、しかしこのモデルというのはアメリカ自身の経済的・社会的モデルを理想化したものである、ということです。

　そこで、これは重要ですが、第二に証明しなければならないのは、いま述べたような一元化した世界経済界において、アメリカは支配的位置を占めているけれども、これはアメリカが圧倒的に有利な競争力を独占しているからである、ということです。

　これは指摘されたことがありません。純粋で完全な競争というイデオロギーの称揚は力関係、特に、国家間の国際的な力関係の問題を消滅させてしまいます。

21 Donc je pense que personne ne peut contester que les États-Unis disposent dans ce champ de forces, ce champ de luttes qu'est en train de devenir l'économie mondiale, d'un ensemble exceptionnel d'avantages compétitifs.

Je vais les énumérer rapidement :

avantages financiers, avec la position exceptionnelle du dollar qui leur permet de drainer dans l'ensemble du monde les capitaux nécessaires pour financer leur déficit et compenser un taux d'épargne et d'investissement très bas et qui leur assure la possibilité de mettre en œuvre la politique monétaire de leur choix sans s'inquiéter des répercussions sur les autres pays, notamment les plus pauvres, objectivement enchaînés aux décisions économiques américaines;

avantages économiques, avec la force et la compétitivité du secteur des biens de capital et d'investissement, et en particulier de la micro-électronique industrielle, ou le rôle de la banque dans le financement privé de l'innovation;

avantages politiques et militaires (qu'il ne faut pas oublier, parce que l'économie pure et parfaite se déroule dans un monde réel où il y a des forces politiques, des forces diplomatiques, des forces militaires), avantages politiques et militaires, avec leur poids diplomatique qui leur permet d'imposer des normes économiques et commerciales favorables à leurs intérêts.

21 この力の界において、世界経済がそうなりつつあるところの、このたたかいの界において、アメリカが一連の圧倒的に有利な競争力を持っていることは誰も否定できないでしょう。

　手短に数え上げてみましょう。

　まず、金融面での利点です。ドルの圧倒的な力のおかげで、アメリカは世界中から資金を集め、自国の赤字を埋め、非常に低い貯蓄率と投資率を補っています。そしてまた、ドルの圧倒的な力のおかげで、アメリカが決める経済政策に客観的に隷属させられている諸国、とくに最貧困諸国への影響などにお構いなしに、自分に都合のよい通貨政策を実行しています。

　第二に、経済的利点です。資本財と投資財の部門の強さと競争力、とりわけ産業用マイクロエレクトロニクスの強さと競争力、あるいは技術革新に対する民間融資における銀行の役割などがテコになっています。

　第三に、政治的・軍事的利点です（これを忘れてはいけません。純粋で完全な経済は、政治力、外交力、軍事力が対立する現実の世界で展開するのであるからです）。外交面での影響力によってアメリカは自国の利益にかなった経済的・通商的規準を押し広めています。

22 [Alors, un champ, pour ceux qui étaient là à mon exposé d'hier, étant un champ de lutte, dans lequel ceux qui luttent luttent à la fois selon les règles du jeu, mais parfois aussi pour changer les règles en leur faveur.

Ce serait long d'argumenter.

Et un des privilèges des dominants dans tous les jeux sociaux, champ scientifique, champ littéraire, champ intellectuel, c'est que grosso modo les règles du jeu jouent en leur faveur.

Et ils peuvent même dans certains cas transformer les règles de façon à renforcer leurs avantages. Je ne développe pas.]

22 ［昨日のセミナーに出席していた人々のために付け加えますが、「界」というのは闘争の界なのです。たたかう者たちはゲームの規則に従ってたかうと同時に、ときにはまた、規則を自分に有利に変えるためにもたたかうわけです。

　論証する時間がありませんが。

　すべての社会的ゲームで、科学界、文学界、知識人界で、支配層の特権のひとつは、ゲームの規則は大体において彼らに有利に働くということです。

　ある場合には彼らは自分たちの利点を強化する方向で規則を変えることもできるのです。これ以上詳しくは言いませんが。］

23 Donc ils peuvent imposer les *avantages politiques et militaires* qui leur permettent d'imposer des normes économiques et commerciales favorables à leurs intérêts. *Avantages culturels et linguistiques*, avec la qualité exceptionnelle du système public et privé de recherche scientifique (mesurable au nombre de prix Nobel, etc.), la puissance des *lawyers* (là, ça, c'est tout à fait capital, la puissance des *lawyers*, des juristes) et des grandes *law firms*, des grandes entreprises juridiques et enfin, l'universalité pratique de l'anglais qui domine les télécommunications et toute la production culturelle de type commercial ;

Avantages symboliques, enfin, avec la production et la diffusion de représentations du monde, notamment cinématographiques, auxquelles est associée une image de modernité.

24 [Je prends un exemple, j'y critique le modernisme, la théorie de la « modernization ».

Dans les années 70, quand je travaillais en Algérie, j'étais tombé sur un livre d'un sociologue américain, appelé Daniel David Lerner, qui avait écrit un livre sur la modernisation des pays du Moyen Orient, l'Égypte, la Syrie, le Liban etc. qui reposait sur un questionnaire

23 要するにアメリカは政治的・軍事的利点を持っている、そのおかげで自国の利益にかなった経済的・通商的規準を押し付けることができるのです。

　第四に、文化的・言語的利点です。官民の科学研究体制のずば抜けた質（これはノーベル賞の数で計ることができます）、強力な法律専門家（*lawyers*、法律家の力というのはきわめて重要です）と大規模な法律事務所の存在、そして、電気通信と商業的文化生産を支配している英語の世界的普及です。

　そして第五に、象徴的な利点です。特に映画によって表現される、近代性のイメージと連合した世界像がアメリカで製造され、世界に普及しています。

24 ［モデルニスム、近代化の理論を批判するために、ひとつ例を挙げます。

　70年代、わたしがアルジェリアで仕事をしていたころのことですが、たまたまダニエル=ダヴィド・レルネールというアメリカの社会学者の本を手にしました。エジプトとかシリア、レバノンなど中東諸国の近代化に関する本です。質問票を使っているのですが、80問のうち75問がメディアについての質問、テレビとか映画とかメディアへのアクセスについての質問でした。

composé de 80 questions parmi lesquelles 75 sur les médias, sur l'accès aux médias, à la télévision, au cinéma, etc. etc. Il créait à partir de ça un indice de modernisation. Ce que j'ai dit tout à l'heure sur l'ethnocentrisme des concepts était particulièrement visible.]

25 [Quelles sont les conséquences réelles et probables de l'intégration du champ économique mondiale ?

Pour répondre à cette question, on peut s'appuyer sur l'observation de ce qui s'était passé à l'occasion de l'intégration du champ économique national.]

En effet l'intégration du champ économique mondial par l'imposition du règne absolu du libre-échange, de la libre circulation du capital et de la croissance orientée vers l'exportation présente la même ambiguïté que l'intégration au champ économique national en d'autres temps :

tout en donnant toutes les apparences d'un universalisme sans limites, d'une sorte d'œcuménisme qui trouve ses justifications dans la diffusion universelle des styles de vie *cheap* de la « civilisation » (entre guillemets) du McDonald's, du jean et du coca-cola, ce « projet de société » (entre guillemets) sert les dominants,

それを元に近代化の指標を作っているのです。

　概念のエスノセントリズムについて先ほど言ったことが見事に露呈しています。］

25 ［世界経済界の統合の現実の、また蓋然的な結果はどのようなものでしょうか？

　この問題に答えるために、国家的規模での経済界の統合の際に起こったことを参考にすることができます。］

　実際、自由貿易、資本の自由な流通、輸出重視の成長を絶対視し、強制することによって世界経済の界を統合する過程は、かつての国民経済の界への統合の過程と同じ曖昧さ、両義性を示しています。

　［グローバリゼーションという］「社会プロジェクト」（カッコ付きです）は、一方で、国境のない普遍主義の外見をまとっています。マクドナルド「文明」（カッコ付きです）とジーンズとコカコーラの、チープなライフスタイルの世界的普及のなかに、その正当化を見出すような普遍主義です。しかし実はこの「社会プロジェクト」は、支配層、すなわち、大機関投資家に有利な結果をもたらすものなのです。［グローバリゼーションのおか

c'est-à-dire les grands investisseurs qui, tout en se situant au-dessus des États, peuvent compter sur les grands États, en particulier sur le plus puissant d'entre eux politiquement et militairement, les États-Unis, et sur les grandes institutions internationales, Banque mondiale, Fonds monétaire international, Organisation mondiale du commerce, qu'ils contrôlent, pour assurer les conditions favorables à la conduite de leurs activités économiques.

26 Comme les anciens États nationaux, les forces économiques dominantes sont en effet en mesure de mettre à leur service le droit (international) et les grands organismes internationaux sont livrés à l'action de lobbies.

Ces lobbies travaillent à habiller de justifications juridiques les intérêts économiques des entreprises ou des nations (par exemple en garantissant aux investisseurs industriels le maximum de protection et de droits).

Ces lobbies consacrent aussi une part très importante de leur énergie intellectuelle à défaire les droits nationaux, comme par exemple les lois et les règlements qui assurent la protection des consommateurs.

げて]大機関投資家は、一方で国家を越えたところに身を置きながら、他方で、主要な国家、とくにその中でも政治的・軍事的に最も強力な国家であるアメリカを介して、また、世界銀行やIMF、WTOといった、彼らがコントロールしている大きな国際機関を介して、彼らの経済活動に有利な条件を確保することになるのです。

26 かつての国民国家と同じく、今日の支配的経済勢力は法(国際法)を自分たちのために役立たせる力を持っています。そして各種の国際機関は様々なロビーの働きかけの対象になっています。

　これらのロビーが、企業や特定の国の経済的権益に法的正当化の衣をまとわせようと働いています(たとえば産業投資に最大限の保護と権利を保障するといった形でです。)

　これらロビーはまた、個別の国家の法を、たとえば、消費者を保護することを目的とする法律や規制を解体するために多大な知的エネルギーを費やしています。

27 [Je peux donner l'impression ici de dire des choses exagérées. En fait, si j'avais le temps, si je pouvais dérouler tous les documents et tous les arguments, vous verriez que je n'exagère pas. La réalité est tellement extraordinaire qu'on ne peut pas la raconter calmement sans avoir l'air d'exagérer. Et le malheur, c'est que, dans l'état actuel, les politiques eux-mêmes, les parlementaires, et même les journalistes ne sont pas informés de l'action de ces lobbies très puissants qui travaillent en secret, le plus souvent avec des ressources en capital culturel extrêmement important et dont les actions produisent des effets différés que les citoyens ne découvriront que dans très longtemps, c'est-à-dire le plus souvent trop tard.]

28 Donc, je continue. Donc ces instances internationales, l'OMC, le Fonds monétaire international, la Banque mondiale etc, sans remplir toutes les fonctions ordinairement imparties aux États nationaux (comme celles qui touchent à la protection sociale), gouvernent de manière invisible les gouvernements nationaux. [Il y a donc une sorte de méta-état mondial invisible qui gouverne les gouvernements nationaux] qui sont de plus en

27 ［誇張しすぎている印象を与えるかもしれません。

時間があれば、資料と論拠を長々と示すことができれば、わたしが誇張しているのではないことを分かっていただけるでしょう。

現実がいかにも異常なので、誇張している印象を与えることなしにその現実を静かに語ることが不可能になってしまっているのです。

残念ながら、現状では、政治家たち自身、国会議員たち、ジャーナリストでさえ、このような、裏で働いている、多くの場合、非常に豊かな文化資本の備蓄を利して働いているロビーの行動について情報を得ていないのです。これらロビーの活動の効果は時差を置いて現れますから市民はずっと後になって発見します。つまり、手遅れということになります。］

28 話を続けます。WTO、IMF、世界銀行など、超国家的な国際機関は、ふつう国民国家の使命とされている機能（たとえば社会保障に関わる機能）は果たさずに、それでいて、国民国家の政府を目に見えない形で動かしているのです。［つまり、各国政府を動かしている目に見えないメタ世界国家が存在するのです。］各国の政府は次第に二次的な問題を処理するだけの機関となり、真の意志決定機関を隠蔽する政治的ごまかしのカーテンとなることがその主たる役

plus réduits à la gestion des affaires secondaires, et surtout qui ont peut-être pour fonction principale de faire un écran d'illusions politiques propre à masquer les vrais lieux de décision.

Ces instances donc viennent renforcer sur le plan symbolique l'action quasi mécanique de la compétition économique qui impose aux États nationaux le jeu de la concurrence sur le terrain de la fiscalité (avec les exonérations) ou sur le terrain des avantages compétitifs (avec l'offre d'infrastructures gratuites).

Là encore il faudrait développer chaque point.

割になってしまっています。

　こうして大規模な国際機関は経済競争のほとんど機械的な作用を象徴的次元で強化する役割を果たしています。国民国家は、税制面で（競って軽減措置をとるという形で）、あるいは優遇措置で（無償でインフラを提供するという形で）お互いに競争させられることになるのです。

　こうした点についてもより詳しく展開する必要がありますが。

■ L'état du champ économique mondial

29 [Je vais essayer de faire une brève évocation de ce champ mondial qui n'a rien de l'univers de libre compétition entre les agents économiques situés à armes égales. En fait,...ce serait trois minutes un petit peu techniques pour être précis.]

Le champ mondial se présente comme un ensemble de sous-champs mondiaux dont chacun correspond à une 《*industry*》, comme disent les historiens de l'économie américains, entendue comme un ensemble d'entreprises en concurrence pour la production et la commercialisation d'une catégorie homogène de produits.[Les entreprises qui ont en commun de produire des produits homogènes, par exemple les micro-informatiques.]

La structure de ce sous-champ est presque toujours oligopolistique et elle correspond à la structure de la distribution du capital (sous ses différentes espèces) entre les différentes firmes capables d'acquérir et de conserver un statut de concurrent efficient au niveau mondial, la position d'une firme dans chaque pays, Renault au Japon, en France, dépendant de la position de cette firme dans tous les autres pays.

Le champ mondial est fortement polarisé.[Les oppo-

■世界経済の界の現状

29 ［ここで世界経済の界の現状を簡単に述べてみようと思います。これは対等の立場にある経済主体のあいだの自由な競争の世界といったものとは縁遠いものです。］

　世界経済の界は世界的なサブ界の集合という形をとります。これらサブ界のそれぞれが、アメリカの経済史家の用語ですが、ひとつの *industry* に対応しています。つまり同種類の製品を製造し販売するために互いに競争関係にある多くの企業の集合のことです。［同種の製品、たとえばマイコンの製造を共通点として持つ企業です。］

　サブ界はほとんど常に寡占的な構造を持っているのですが、その構造は、世界的なレベルで有力な競争者という地位を獲得し保持することができるような大企業の間の（いろいろな種類の）資本の分布構造に対応しています。ある企業の国内における位置、たとえば日本におけるルノー、フランスにおけるルノーですが、ある企業の国内における位置はその企業が他のすべての国において占める位置に依存しているのです。

　世界経済の界は強い磁性を持っています。［対立が強度で、際

sitions sont très fortes, très tranchées.]
Les économies nationales dominantes tendent, du seul fait de leur poids dans la structure qui fonctionne comme barrière à l'entrée [je ne peux pas expliquer], à concentrer, les industries nationales dominantes tendent à concentrer les actifs des entreprises et à s'approprier les profits qu'elles produisent, ainsi qu'à orienter les tendances immanentes au fonctionnement du champ.[Elles tendent donc à orienter l'avenir du champ.]
La position de chaque firme dans le champ national et international dépend en effet non seulement de ses avantages propres, de son capital sous ses différentes espèces, mais aussi des avantages économiques, politiques, culturels et linguistiques qui découlent de son appartenance nationale [ça, c'est très important], cette sorte de « capital national » exerçant un effet multiplicateur, positif ou négatif, sur la compétitivité structurelle des différentes firmes.
[J'aurai envie de commenter, mais le temps passe, et je m'en tiendrai à ça.]

30 Ces différents champs [ces différentes *industries*] sont aujourd'hui structuralement soumis au champ financier mondial [ce que l'on appelle d'ordinaire le

立っています。］

　支配的な国民経済は、［世界経済の界の］構造（これは参入への障壁として機能します）の中で占める重みからして当然のことですが、自国の企業の資産を集中させること、そして企業が生み出す利潤を占有することをめざします。また、世界経済の界の働きに内在的な諸傾向を方向付けようとします。［つまり、世界経済の界の将来を方向づけようとします。］

　それというのも、国内の界および国際的界における個々の企業の位置は、その企業固有の力、その企業のいろいろな種類の資本だけでなく、自分が帰属している国の経済的・政治的・文化的・言語的力に依存しているからです［この点は非常に重要です］。この「国籍資本」は個々の企業の構造的競争力に対してプラスあるいはマイナスの倍増効果を及ぼすのです。

　［解説を加えたいところですが、時間がありません。これにとどめます。］

30 これらの界［これらの産業部門］は、今日、世界金融の界に構造的に従属しています［つまり、ふつう金融市場と呼ばれているものです。これが人類の運命に絶対的な力を持つとされているわけです］。

marché financier et auquel on confère un pouvoir absolu sur le destin de l'humanité.]

Ce champ, donc, financier mondial a été brutalement affranchi par des mesures visant à suspendre toutes les régulations. Ces régulations, vieilles de près de deux siècles, avaient été particulièrement renforcées après les grandes séries de faillites bancaires des années 30. Et ce sont toutes ces régulations qui ont été souvent de manière très brutale supprimées. Par exemple, en France c'est une loi de déréglementation financière de 1985-86, qui a été prise par un ministre socialiste[ce n'est pas un détail], c'est cette loi de déréglementation financière donc, etc. qui a libéré complètement le marché financier de toutes les contraintes juridico-politiques qui pesaient sur lui.

31 Donc, ce champ financier mondial est parvenu à une autonomie et à une intégration à peu près complète.

L'action de dérégulation juridique se combinant avec l'action technique d'instantanéïsation,[on dit tous les jours que le marché de Tokyo, le marché de New York communique dans l'instant et que l'on a fait disparaître le temps, ta technique a fait disparaître le temps,...]bon, les

この世界規模の金融「界」はすべての規制を廃止する措置によっ急速に自由化されました。
　金融界に対する規制は二世紀近い歴史を持っていて、1930年代の銀行連続倒産の後に特に強化されたものなのです。
　こうした規制がしばしば乱暴なやり方で廃止されてしまったのです。フランスでは、1985-86年の金融規制緩和法がそのよい例です。これは社会党の大臣が制定した法律です［これは意味深いことです］が、すべての法的・政治的制約から金融市場を解放したのです。

31 こうして、世界金融の「界」は自律性を獲得し、ほぼ完全に統合されました。
　法的な規制緩和と瞬間化とが組み合わさって［東京市場、ニューヨーク市場は瞬時に通信する、というようなことをよく言います。時間が消滅する、技術は時間を消滅させる、というようなことをよく言います。］規制緩和の法的効果と、コミュニケーションの瞬間化の技術

effets juridiques de la déréglementation et les effets techniques de l'instantanéisation des communications se combinent pour rendre possibles une intégration et une autonomie à peu près parfaites de ce champ financier, qui de ce fait a changé peu à peu de fonction [là encore, je dis d'une façon péremptoire, très rapide, les choses qui demanderaient une longue démonstration] : il est devenu un lieu parmi d'autres de mise en valeur du capital. Il s'est en quelque sorte déconnecté des « industries », des champs de production.

32 L'argent concentré par les grands investisseurs (fonds de pension, compagnies d'assurances, fonds d'investissements dits *Mutual Funds*), cet argent devient une force autonome, qui en quelque sorte tourne à vide, contrôlée par les seuls banquiers, qui privilégient de plus en plus la spéculation, les opérations financières sans autres fins que financières, au détriment de l'investissement productif.

L'économie internationale de la spéculation se trouve ainsi affranchie du contrôle des institutions nationales qui, comme les banques centrales, régulaient les opérations financières, et du même coup les taux d'intérêt à long terme tendent désormais à être fixés non plus par des

的効果が組み合わさって、世界金融の「界」のほぼ完全な統合と自律を可能にしました。そのことによって世界金融界の機能が変わりました。［ここでもまた、断定的に、急いで言い切ってしまっていますが、本当は長々と証明すべきところです。］つまり、他と同じような資金運用の場となったのです。

　いわば、いろいろな生産の界と縁が切れたわけです。

32 （年金ファンド、保険会社、あるいは*Mutual Funds*と呼ばれる投資信託会社など）大機関投資家が集めた資金は、いわば空回りする、金融業界だけが管理する自律的な力となります。金融業界は次第に、投機、金融以外の目的を持たない金融取引を優先させ、生産的な投資を犠牲にするようになります。

　投機を主とする国際経済はこうして、中央銀行のようにかつては金融取引を規制していた国単位の諸機関の統制から解放されます。同時に、今後は長期金利は各国の機関によってではなく、金融市場の動向を左右する少数の国際的オペレーターによって決められることになります。

instances nationales mais par un petit nombre d'opérateurs internationaux qui commandent les tendances des marchés financiers.

33 La concentration du capital financier dans les fonds de pension et les fonds mutuels qui attirent et gèrent l'épargne collective permet aux gestionnaires transétatiques de cette épargne d'imposer aux entreprises, au nom des intérêts des actionnaires, des exigences de rentabilité financière qui orientent peu à peu leurs stratégies.

Cela notamment en limitant leurs possibilités de diversification et d'investissement, et en leur imposant des décisions de *downsizing*, de réduction des coûts et des effectifs, ou des fusions-acquisitions qui font retomber tous les risques sur les salariés, parfois fictivement associés aux profits, au moins pour les plus haut placés d'entre eux, à travers les rémunérations en actions.

La liberté accrue d'engager et surtout, peut-être, de dégager[ça, c'est très important]les capitaux, de les investir ou de les désinvestir, en vue d'obtenir la meilleure rentabilité financière, favorise la mobilité sans limite des capitaux et une délocalisation généralisée de l'entreprise industrielle ou bancaire.

33 金融資本が集団的貯蓄を集め管理する年金ファンドとミューチュアル・ファンドに集中する結果、この資金を運用する超国家的な機関は、株主の利益を盾にして、資金の収益性を企業に強要することになります。収益性の追求が次第に企業の戦略を方向付けるようになります。

　特に多角化と投資の可能性を制限し、企業にダウンサイジングを迫るようになります。つまり、コストと人員の削減です。あるいは合併・吸収を迫ります。合併とか吸収はすべてのリスクを従業員に負わせることができるからです。一部の、上層部の社員は株の形で報酬を受け取り、仮定的には利潤に与ることはありますけれども。

　資金の最大限の収益性を追求して、資本を投下する、とりわけ、引き上げる自由［これは重要です］、投資あるいは撤退の自由が増大する結果、資本の無制限の移動性が助長され、製造業あるいは銀行の国外移転が一般化します。

　国外への直接投資によって、資本だけでなく、人件費の面で、国

L'investissement direct à l'étranger permet d'exploiter les différences, en matière de capital mais aussi de coût de la main d'œuvre, entre les nations ou les régions, et aussi de rechercher la proximité au marché le plus favorable. Comme les nations naissantes transformaient[là encore la comparaison avec la formation des états]comme les nations naissantes transformaient les fiefs autonomes en provinces subordonnées au pouvoir central, ce que l'on appelle les « firmes réseaux » trouve dans un marché à la fois interne et international un moyen d'« internaliser » les transactions, comme dit Williamson, c'est-à-dire de les organiser à l'intérieur d'unités de production intégrant les firmes absorbées et ainsi réduites au statut de « filiales » d'une « maison mère », tandis que d'autres firmes cherchent dans la sous-traitance une manière d'instaurer des relations de subordination dans l'indépendance relative.

と国の間の、あるいは地域間の格差を利用したり、もっとも有利な市場に接近したりすることが可能になります。

　かつて形成途上にあった国民国家［ここでまた国家形成と比較しますが］が自立した封建領土を中央権力に従属する州に変えたのと同じように、いわゆる「ネットワーク企業」は国内的であると同時に国際的である市場のうちに、ウイリアムスンの言葉を使って言うと、取引を「インタナライズ」する手段を見出します。つまり、吸収されて「本社」の「子会社」にされてしまった企業を統合した生産単位のネットワークの内部で取引をおこなうわけです。それ以外の企業は、下請けという形で、相対的独立の中での従属関係を結ぶ可能性を探ることになります。

34 Ainsi, l'intégration au champ économique mondial tend à affaiblir tous les pouvoirs régionaux ou nationaux et le cosmopolitisme formel, verbal, dont elle s'arme, en discréditant tous les autres modèles de développement, notamment nationaux, d'emblée condamnés comme nationalistes, laisse les citoyens impuissants en face des puissances transnationales de l'économie et de la finance.

Les politiques dites d'《 ajustement structurel 》 visent à assurer l'intégration dans la subordination des économies dominées; cela en réduisant le rôle de tous les mécanismes dits 《 artificiels 》 [je cite] et 《 arbitraires 》 de régulation politique de l'économie associés à l'État social, seule instance capable de s'opposer aux entreprises transnationales et aux institutions financières internationales.

34 こうして、世界経済の界への統合は各地域、各国の力を弱めることになります。この統合は、形式的な、言葉の上だけのコスモポリティズムを盾として、他の発展モデル、特に国レベルのモデルはすべて、ナショナリズムの現れであるとして攻撃してしりぞけます。その結果、市民は超国家的な経済と金融の勢力に対して無力な状態に追い込まれることになります。

「構造調整」政策なるものは被支配経済諸国を従属関係の中に統合することを目的とした政策です。こうして、経済を政治的に制御するメカニズム、福祉国家と連結したメカニズムがすべて、[引用です]「人工的」だ、「恣意的」だとして、その役割を縮小されます。しかしこの福祉国家こそ、超国家的な企業と国際的な金融機関に対抗することができる唯一の機関なのです。

35 Il faudrait s'interroger ici sur la place qui est laissée, dans cet espace économique unifié, à des puissances économiques de second rang, comme l'Europe ou le Japon.

Je dirai seulement que, comme l'ont montré les conflits récents à propos des décisions de l'OMC, elles ne sont nullement à l'abri de l'entreprise de « libéralisation », entendue comme une imposition forcée de la liberté intégrale des échanges.

C'est ainsi qu'il n'est pas exagéré de dire que la construction européenne s'accompagne d'une véritable destruction sociale, d'un effort systématique et explicite pour annuler tous les « obstacles sociaux » (en réduidsant de façon drastique la dépense publique, particulièrement dans les domaines de la consommation publique, des retraites, des soins médicaux, des allocations sociales et des subventions et aussi les coûts salariaux).

Je ne me risquerai pas à parler de la situation du Japon, mais il me semble que, comme « l'exception française », régulièrement condamnée par les prophètes du marché, « l'exception japonaise », pourtant très différente, a fait son temps, avec pour conséquence, entre autres, une énorme croissance du taux de chômage et de la précarité et diverses menaces sur la sécurité sociale.

35 ここで、このような一元化した経済空間の中で、ヨーロッパとか日本のような、第2ランクの経済勢力圏に残された可能性を考えてみましょう。

　WTOの決定をめぐって最近起こった紛争が示しているように、ヨーロッパと日本は「自由化」、すなわち、貿易の完全な自由を強制するという意味での「自由化」の圧力から守られているとはけっして言えないと思います。

　欧州連合の建設は社会福祉の破壊を伴っている、いわゆる「社会的障碍」すべてを取り除くための組織的で明確な努力を伴っていると言っても過言ではありません。(公共支出、特に、公共消費、年金、医療費、福祉手当、補助金の分野での公共支出、そしてまた、賃金コストがドラスティックに削減されています)。

　日本の状況について語ることはしませんが、市場の予言者たちからいつも糾弾されてきた「フランスという例外」と同じく、「ニホンという例外」も、フランスのそれとは違うものですが、過去のものとなったのではないでしょうか。その結果として、失業率が著しく上昇し、不安定就労が増大し、社会保障が様々な形で脅かされているのではないでしょうか。

36 Les pays qui, comme l'Europe et le Japon, occupent, dans l'espace mondial, une position moyenne, intermédiaire, homologue (si je me permets ce rapprochement) de celle de la petite-bourgeoisie dans l'espace social, s'orienteront-ils vers l'assimilation soumise aux dominants ou vers la solidarité combative avec les dominés ?

L'enjeu de ce « choix » n'est pas seulement le maintien ou la subversion du rapport de force en vigueur, mais la défense ou la disparition d'une civilisation.

37 Il faudrait, pour finir, dire un mot de ce que nous pouvons faire pour combattre cette politique.

Je rappellerai que, étant donné le poids déterminant des pouvoirs symboliques dans la nouvelle forme de domination que je viens de décrire, la lutte à propos de la vision du monde et, plus précisément, à propos de l'avenir du monde est une lutte intellectuelle dans laquelle les dominants peuvent compter sur un corps immense de « mercenaires » intellectuels.

Ainsi, à Bruxelles seulement[je cite] « plus de 10 000 professionnels du lobbying hantent les couloirs de la Commission, du Conseil et du Parlement », pour la plupart issus d'agences de relations publiques, de lobbies de

36 世界経済の空間においてヨーロッパと日本のような国は(このような比較が可能とすれば)社会空間における小ブルジョワジーの位置と同じような、中間的な位置を占めているわけですが、この二つの地域は支配勢力に従属同化する方向に向かうのでしょうか、それとも、被支配諸国とともに連帯してたたかう方向に向かうのでしょうか?

この「選択」によって問われているのは、だだ単に現在の力関係を維持するか覆すかの問題ではなく、ひとつの文明を守り抜くのか消滅するのにまかせるかの問題です。

37 話を終える前に、このような[グローバリゼーション]政策とたたかうために、私たちに何ができるか、一言述べるべきかと思います。

わたくしが説明してきた新たな支配形態においては象徴権力が決定的な重みを持っています。その点を考慮すると、世界観に関するたたかい、もっとはっきり言えば、世界の未来に関するたたかいは、知的なたたかいなのです。このたたかいにおいて、支配的勢力は知的「傭兵」の巨大な部隊を駆使することができます。

EUの本部のあるブリュッセルだけで、[引用します]「ロビー活動のプロフェッショナルが1万人以上もEU委員会、EU閣僚評議会、EU

l'industrie et de compagnies indépendantes et on en compte 15 000 à Washington.

Ils peuvent aussi s'appuyer sur une énorme production intellectuelle.

Par exemple, la section européenne de l'AMCHAM (association des chambres américaines de commerce) a publié dans la seule année 98, dix ouvrages et plus de soixante rapports et pris part à environ 350 réunions avec la Commission et le Parlement.

[Et tous ces travaux obscurs finissent dans les pages des journaux, sans que les journalistes comprennent ce qui s'est passé et ce qui vont se passer.]

Contre ces pouvoirs symboliques fondés sur la concentration et la mobilisation du capital culturel, seule une force de contestation reposant sur une semblable mobilisation peut être efficace.

Les mouvements sociaux doivent savoir réunir, en dehors de toute tentation hégémonique,

d'une part, des chercheurs en sciences sociales capables de travailler en association avec de nouvelles catégories de producteurs culturels critiques, comme des intellectuels organiques du monde économique, des fonctionnaires internationaux, des experts, des publicitaires, sortes de traîtres spécifiques qui, comme les

議会の廊下を徘徊しているのです。」これらロビイストの大半は、広告会社とか、当該の産業部門の連盟、あるいは個々の企業の出身です。ワシントンにはこうしたロビイストが1万5千人もいます。

　支配的勢力はこうして膨大な量の知的生産物を利用することができます。

　たとえばAMCHAM、つまりアメリカ商業会議所連合会は1998年だけで、本を10点、報告書を60点以上刊行し、EU委員会やEU議会を相手に開かれた約350の会合に参加しているのです。

　［しかもこうした裏の仕事は新聞には載っても、ジャーナリストには何が起こったのが、何が起こりつつあるのか、理解できないで終わるのです。］

　文化資本を集中し動員している、このような象徴権力と太刀打ちできるのは、同じような動員力を持つ異議申し立ての勢力だけです。

　社会運動は、誰が主導権を握るのか式の問題とは一切無縁のところで、次のような人々を結集しなければなりません。

　一方は、社会科学の研究者です。新しいタイプの批判的な文化生産者と連合して働くことのできる社会科学者です。経済の世界の機関的知識人とか、国際公務員、専門家、広告会社員の内には、か

intellectuels critiques en d'autres temps, vendent la mèche et opèrent un détournement du capital,
 et d'autre part, des responsables de syndicats, d'associations et de sociétés divers qui peuvent apporter, outre leurs armes intellectuelles forgées dans l'expérience des luttes, de nouveaux principes de construction et d'invention des formes sociales de l'avenir.

38 [Je vous prie de pardonner ces propos sans concession qui ont dû vous paraître parfois obscurs, pessimistes, et inutilement difficiles, et aussi peut-être un peu péremptoires. Mais j'ai essayé de vous informer de mon mieux, du mieux que j'ai pu, sur des phénomènes pour moi très importants et qui, me semble-t-il, commandent notre avenir. D'où le caractère un petit peu austère et solennel de mon propos. Merci.]

つての批判的知識人と同じように、秘密を漏らす者たち、[自分たちが蓄積した]知的資本を横流しする者たち、いわば「裏切り者」もいます。この人々との連携が大切です。

　他方は、労働組合やいろいろな組織・団体のリーダーたちです。彼らは、たたかいの経験の中で鍛え上げた知的武器とともに、未来の社会を創り出す新しい原理を提起することができる人々です。

38 妥協のないことばかりを言ったことをお詫びします。分かりにくかったり、悲観的すぎると思われたかもしれません。いたずらに難解だったかもしれません。断定的すぎたかもしれません。しかし、わたしには重要だと思われること、わたしたちの将来を左右すると思われることを、なんとかお伝えしようとしました。多少、堅苦しい話になってしまったのはそのためです。ご静聴ありがとうございました。

Pierre BOURDIEU

質疑応答 編

Pierre Bourdieu

訳・加藤晴久

この章は本講演終了後、
引き続きピエール・ブルデューと一般来場者との間で行われた
質疑応答の一部を収録したものです。
なお、ビデオCD-ROMには収録時間の都合上
収録されておりません。

Question 1

ドイツのフランクフルト学派につながるハーバーマスなどは少なくとも10年ほど前までは国際機関についてオプティミスティックな見方をしていたように思いますが、その点をどうお考えになりますか。

Bourdieu

Je pense que sur le rapport avec l'École de Francfort, d'abord les temps ont changé. Et puis, l'idée, la représentation du travail intellectuel que se font les descendants de l'École de Francfort, et que je m'en forme n'est pas la même. Je pense que, pour comprendre des phénomènes qui déterminent le monde aujourd'hui il faut faire un travail obscur, du type de celui que Marx et Engels faisaient quand ils allaient étudier la classe ouvrière. Aujourd'hui, bizarrement, il faut aller étudier les lobbies de Bruxelles, il faut aller étudier à Washington, et par moments je me demande si les terrains de lutte ne sont pas plus dans ces instances feutrées : grands hôtels internationaux, grands lieux de rencontre à Genève, à Bruxelles, à Davos, etc. que dans le Chiapas. Et je me demande si finalement ce qu'il faut étudier pour le philosophe à

Question 1 講演テクスト 訳

　ドイツのフランクフルト学派につながるハーバーマスなどは少なくとも10年ほど前までは国際機関についてオプティミスティックな見方をしていたように思いますが、その点をどうお考えになりますか。

ブルデュー

　フランクフルト学派との関係についてですが、わたしはまず時代が変わったと考えます。それと、知的労働についてのフランクフルト学派の継承者たちの考え方、表象とわたしのそれとは、同じではありません。今日の世界を決定している現象を理解するためには、地味な仕事をしなければならないとわたしは考えています。労働者階級を研究したときのマルクスとエンゲルスが進めたような仕事です。奇妙なことかもしれませんが、今は、ブリュッセルにロビーの研究をしに行く必要があります。ワシントンに出かけなければなりません。たたかいの現場はチアパス[先住民主体のゲリラ組織が拠点とするメキシコ南部の州]よりはジュネーヴ、ブリュッセル、ダボスなどの、国際的な大ホテルとか人会議場なのではないかと思うことがあります。さらに言えば、ドイツ型の哲学者が研究の対象にすべきなのは、19世紀に大半の哲学者

l'allemande c'est sans doute aussi répugnant et sans intérêt que l'était l'étude des usines du XIXe siècle pour la plupart des philosophes. Il faut dépouiller des documents, des dossiers, des piles de décrets, des textes juridiques fastidieux. On ne peut pas parler de dialogues rationnels... Voilà, j'ai dit ça en Allemagne. Je pense qu'il y a une espèce de travail civique, et politique, et intellectuel d'un type tout à fait nouveau, que d'ailleurs, moi-même, j'ai mis beaucoup de temps à entreprendre. Et beaucoup de ce que j'ai dit aujourd'hui est le produit d'un travail collectif qui a commencé. Il y a actuellement des gens que l'on discrédite assez facilement, on prend le personnage de José Bové, on prend les violences des étudiants, des manifestants de Prague, etc. On oublie qu'il y a des travailleurs de la preuve comme a dit Bachelard, des gens qui dépensent beaucoup, beaucoup d'énergie. Je pense à Lori Wallach, qui est une avocate américaine, je pense à Susan George, je pense à Agnès Bertrand, ce sont souvent des femmes, bon, il y a toute une bande de gens qui font un travail d'un type tout à fait nouveau, un travail politique d'un type tout à fait nouveau. Moi, j'ai découvert peu à peu. Par exemple je m'appuie, dans ce que je vous ai dit, sur les travaux d'un groupe de jeunes sociologues néerlandais, ils sont qua-

にとって工場の研究がそうであったのと同じくらい、おぞましく、つまらないものなのではないかと思います。退屈きわまる文献、書類、政・省令、法律を渉猟しなければなりません。理性的な対話などといったことではないのです。･･･ドイツでもそのことを言いました。まったく新しいタイプの市民的、政治的、知的な仕事が出現してきていると考えています。わたし自身もその種の仕事を始めるのに時間がかかりました。わたしが今日言ったことの多くは、こうして始まった集団的作業の成果です。いま、簡単に攻撃の対象にできる人たちがいます。ジョゼ・ボーヴェ［フランスの反グローバリゼーション農民運動のリーダー］とかプラハで［2000年9月、IMFと世界銀行の総会に抗議して］暴力的なデモをした学生などです。バシュラール式の言い方で言えば、証明の勤労者が存在することを忘れています。大変なエネルギーを注ぎ込んでいる人たちです。たとえば、アメリカの弁護士ロリー・ウァラシュ［反グロはーバリゼーション運動体・市民インターナショナルのリーダー］、スーザン・ジョルジュ［フランスに帰化したアメリカの活動家。トービン税制定運動 Attac のリーダー］、アニェス・ベルトラン［グローバル化、とくにWTOの研究者］のような人たちです。女性が多いのですが、まったく新しいタイプの仕事、まったく新しいタイプの政治的仕事をする人々がたくさんいるのです。わたしはすこしずつ発見していきました。たとえば、今日話したことでは、オランダの4人の若い社会学者の仕事を参照しています。『ヨーロッ

tre, qui ont fait un livre publié en anglais sous le titre *Europe Inc.*, traduit en français sous le même titre. Ils ont fait un travail magnifique d'observation ethnologique des couloirs de Bruxelles. Ils ont étudié les lobbies du patronat. Ils ont volé des documents secrets, parce que tout ça est sous le sceau du secret. Ils ont étudié ce qui se passe dans le bureau 133 de Bruxelles qui est un bureau où douze fonctionnaires qui ne sont élus par personne, qui ne sont soumis à aucun contrôle démocratique, décident du destin des Européens au nom de la démocratie, de la liberté, du libre-échange, etc. Par exemple, ce fait que le lobby qui était ignoré de la tradition européenne soit devenue une instance centrale de la vie politique européenne, ce n'est pas un progrès politique. J'en suis certain. Ce n'est pas un progrès politique. Donc, la différence, c'est ça. C'est qu'il y a des chercheurs-militants, des militants-chercheurs, qui s'efforcent de connaître et de comprendre ces choses.

Évidemment tout ça n'implique aucun jugement négatif sur Habermas que j'estime beaucoup. Et pour ma part, je m'efforce toujours de l'associer à nos entreprises et en général il accepte très gentiment de signer les textes que nous produisons. Donc il a un très fort capital symbolique qu'il accepte de mettre au service de l'entreprise.

パ株式会社』という本を英語で出しました。同じタイトルで仏訳されています。EU本部の内幕を民族学的に観察した見事な仕事です。経営者団体のロビーを研究しています。秘密文書を盗み出しています。何事も秘密裏に進行しているからです。EU本部の133号室で何が行われているかを研究しました。この部屋では、誰からも選挙されたわけでない、いかなる民主的なコントロールも受けることのない12人の高官が、民主主義、自由、自由貿易の名のもとに、ヨーロッパ諸国民の運命を決めているのです。たとえば、ヨーロッパの伝統とは無縁であったロビーがヨーロッパの政治生活の中心的な機関になってしまったという事実、これは政治的な進歩などではありません。わたしはそう確信しています。政治的な進歩ではありません。結局、違いはそこにあります。こうしたことを知ろう、理解しようと努めている活動家的研究者、研究者的活動家たちが出てきているということです。

　もちろん、今言ったことはハーバーマスに対する否定的な判断を意味するものではありません。わたしはハーバーマスを評価していますから。わたしはいつも、わたしたちの行動に彼の参加を求めるようにしています。わたしたちの出すアッピールに署名することを彼もすすんで受け容れてくれています。強力な象徴資本を運動のために役立てようとしてくれているわけです。

Question 2 講演テクスト

象徴権力との関係でマニピュレーションが重要な役割を果たすと思うのですが、どう考えられますか。

Bourdieu

La manipulation, je pense que je n'ai jamais employé le mot, parce que le fait que ce soient les actions menées par des groupes, des groupes d'individus, ne doit pas faire resurgir des fantasmes de complot. des théories de complot. C'est en quelque sorte plus grave que ça. C'est une sorte de nouvelle couche dirigeante internationale, de gens qui ont le même style de vie, qui aiment les mêmes sports, qui sont issus à peu près des mêmes milieux, souvent des mêmes écoles, ils sont passés par les mêmes grandes écoles internationales. Ça, c'est très très important. Le système scolaire intéressant pour reproduire les dominants devient de plus en plus international. Ces gens, ils ont la même philosophie, la même vision du monde. Ils ne se voient qu'entre eux. Peu importe qu'ils soient français, allemands, japonais, etc. À ce degré-là, il y a une vraie homogénéïsation. Il y a une vraie intégra-

Question 2

　象徴権力との関係でマニピュレーションが重要な役割を果たすと思うのですが、どう考えられますか。

ブルデュー

　マニピュレーション。わたしはこの語を使ったことはないと思います。ある集団、あるいは個人の集まりが遂行する行動だという事実が［すべての現象を一部の者たちの陰謀のせいにする］陰謀幻想、陰謀理論の再発につながってはならないと考えるからです。ある意味では事態はもっと深刻です。新しい国際的な指導階層が出現しているのです。同じ生活スタイルを持ち、同じスポーツを愛好する者たちです。ほぼ同じ環境の出身、同じ学校出身であることも多い。同じ国際的なエリート校です。これは非常に重要なことです。支配層の再生産に効果的な学校システムはますます国際化しています。彼らは同じ哲学、同じ世界観を持っています。彼ら同士の付き合いしかしません。フランス人でもドイツ人でも日本人でも国籍はどうでもよいのです。このレベルでは、本当の意味の均質化、本当の社会的統合が進行しています。

　象徴的な現象として、彼らはある権威を持っているのですが、何

tion sociale.

Les faits symboliques, je pense qu'il y a le fait qu'ils ont une autorité..., comment dire, il y a des déclarations extraordinaires. Par exemple en 95, un philosophe français connu pour son humanisme chrétien a tenu des propos extraordinaires. Les gens compétents sont pour la politique de modernisation, de libéralisation, etc. qui était mis en œuvre à l'époque par le gouvernement de droite, mais qui a été continuée par le gouvernement de gauche, et simplement ces gens compétents ne sont pas compris du peuple. C'est une question de compréhension. Donc il y a des gens éclairés.

Je pense que dans ce processus d'imposition symbolique, de violence symbolique, le rôle de la théorie économique est très important. Par exemple tous les journalistes aujourd'hui sont capables de regarder les courbes des prix, parlent le langage savant comme ceux qui parlent mal une langue étrangère, ils jettent comme ça des mots. La théorie économique, l'argumentation d'allure théorique qu'empruntent les dirigeants et les experts, tout ce discours doit une part très importante de sa force à l'autorité de la science. Je pense que pour la première fois on a une idéologie scientifique, et même, on pourrait dire mathématique. Pour la première fois, la mathé-

というか、驚くような発言をするわけです。95年でしたが、キリスト教ヒューマニズムの立場で知られるフランスの哲学者が驚くべきことを言いました。当時、保守政権が進めていた、そしてその後、左翼政権が継承した、近代化政策、自由化政策を専門的能力のある人々は支持している。ただ、この人々は一般大衆から理解されていない、というのです。理解の問題にされてしまっているのです。要するに、もののよく見える、分かった者たちがいる、ということです。

　こうした象徴的強制、象徴的暴力の過程での経済理論の役割は非常に重大であると思います。たとえば今日ではすべてのジャーナリストが株価曲線を見ることができます。下手な外国語を話すのと同じように、学問的な言語を使います。もっともらしい語を使い分けて見せるわけです。支配層や専門家が借用する経済理論、一見理論的な議論は学問の権威からその効力の多くを引き出しています。わたしは歴史上はじめて科学的イデオロギーなるものが出現したと考えています。数学的イデオロギーと言うべきかもしれません。歴史上はじめて数学が支配の道具になりました。数学それ自体がというわけではありません。数学は支配とは関係ありません。数学が暴力の手段として利用されることがありうるということです。

　要するに、学校システムによって選抜された、文化的規準、知的

matique devient un instrument de domination. Pas par elle-même. La mathématique n'a rien à voir avec la domination. Mais elle peut être utilisée comme un instrument de violence. Donc dans tout ça le rapport entre les nouveaux dominants qui sont les dominants sélectionnés par le système scolaire, sélectionnés par les critères culturels, intellectuels, etc. et les dominés, ce rapport-là peut introduire à des formes très nouvelles de violence symbolique, qui expliquent qu'en particulier les intellectuels résistent beaucoup moins à cette idéologie-là qu'à des formes précédentes qui disaient la même chose. En un mot, ce qu'on dit sous le nom du libéralisme, c'est très souvent ce qu'a dit la pensée conservatrice la plus banale depuis le XIXe siècle. Pour ceux qui ont lu Hirschmann sur la pensée conservatrice, les affirmations qu'on habille de justifications mathématiques sont des vieilles rengaines du conservatisme primaire : le peuple est paresseux, si vous lui donnez de l'argent, il ne travaillera plus. Tout ça s'est habillé de mathématique. Voilà. J'ai l'air très simpliste, mais je pourrais argumenter de manière très sophistiquée.

規準などによって選抜された新しい支配層と被支配層の関係は、象徴暴力の非常に新しい形態を生み出す可能性があるということです。知識人がこの新しい支配形態に対して、同じことを言っていた以前の支配形態に対してよりも、抵抗しにくいのはそのためです。一言で言えば、リベラリズムの名のもとに主張されていることは、19世紀以来もっとも凡庸な保守思想が主張していたことと同じであることが多いのです。保守思想についてのヒルシュマンの本を読んでみれば数学的正当化で装った主張が実は、民衆は怠け者だ、金を与えれば連中はもう働かなくなる式の、原始的な保守思想の焼き直しに他ならないことが分かります。そういう主張が数学の衣をまとっているわけです。単純化しているように見えますが、綿密に論拠立てることができる話です。

Pierre BOURDIEU

Question 3
講演テクスト

　ネオ・リベラリズムの普遍性の名のもとで、社会保障をつぶして弱者を苦しめているという、そういう話はよく分かりました。金融的世界観とか、IMF的世界観とか、そういう象徴権力とたたかわなければならないということもよく分かりました。そこでお聞きしたいのですが、新自由主義に対抗して、その先にめざすべき社会をどのように構想されているのかということです。ブルデューさんはあまりそういうことを言わないということをぼくはよく知っていますが、あえて聞いてみたいなと思います。というのは、かつては共産主義運動のようなものが、さまざまな社会運動の動員力を持っていたのですが、それが現実的にも理

念的にもきびしい状態になっていて、ブルデューさんもそういう権威主義とは袂を分かつと言っておられます。ではそれに代わるものは何なのかということです。新自由主義を批判すると国民国家主義者、ナショナリストになった気分になって、今ある既得権益を守るような発言しかできない。日本の社会科学者はネオ・リベラリズムと同時に国民国家を批判してきました。この両者を批判して、その先にどのような社会を構想したらよいのか、ということです。

Bourdieu

C'est une très grande question, très sympathique, mais je ne suis pas sûr d'être capable de répondre brièvement, de manière satisfaisante. Ce qui m'a déterminé à intervenir dans l'espace public, c'est précisément ce que je viens de dire, c'est-à-dire le fait que, aujourd'hui, les dominants parlent au nom de la science, parlent au nom de l'expertise. Donc je suis sûr qu'il y a un rôle du savant. Il me semble que les savants, les chercheûrs qui ne sont pas d'accord, non pas pour des raisons politiques, pour des raisons scientifiques, ont à le dire. Voilà. Je pense que c'est une sorte de devoir social, de devoir de fonction de dire aux gens ce que l'on croit savoir. Moi, je suis un chercheur du service public, je suis un produit du service public, j'estime que je dois rendre au public les services pour lesquels je suis payé. Je suis payé pour essayer de comprendre le monde social. Je pense que c'est un devoir social. Voilà.

En terme d'alternative, je pense que plus personne dans le mouvement social n'a la naïveté d'attendre d'un individu, ou même d'un groupe d'individus, une réponse aux questions ultimes sur la société de l'avenir. Comment dire...,nous avons tous été échaudés comme on dit en français. Les prophéties millénaristes de quelque for-

ブルデュー

　大きな問題で共感を覚えます。短い時間で十分に答えられるかどうか分かりませんが。わたしが社会的発言をするようになった動機はわたしが今述べたことです。つまり、支配層は今日、科学の名において、専門性の名において語っているという事実です。それゆえに学者の果たすべき役割があると考えているのです。学者、研究者で、政治的理由からでなく、科学的理由から、［支配的言説に］賛成でない者はそのことを言うべきだと思います。そうです。わたしたちが知っていると思うことを人々に言うことは、いわば社会的義務、仕事上の義務だと思います。わたしは公共機関の研究者です。公共機関によって生み出された存在です。わたしは自分の仕事の成果で報酬を受けているわけですが、その成果を公衆に還元すべきであると考えます。わたしは社会を理解しようと努めることで報酬を得ています。ですから［還元することが］社会的義務と思うわけです。

　オルタナティヴの件ですが、社会運動の中では、個人あるいは個人の集まりに、来るべき社会についての究極的な諸問題に対する答えを期待するような、おめでたい者はだれもいないと思います。どう言ったらよいか・・・われわれは皆、糞に懲りているわけです。千年王国的な予言はどんな形のものであれ胡散臭いものになっています。

me qu'elles soient sont suspectes. Ce que je crois, ce que j'essaie de faire, ce à quoi j'essaie de contribuer, c'est la création de lieux où pourront s'inventer ces formes de pensée et d'action de la société de l'avenir.

Si je dis ça comme ça, c'est une phrase, mais je pense qu'il y a une grande invention organisationnelle à faire. Nous avons eu des structures historiques, les partis communistes avaient des cellules, certains groupes de réflexion politique avaient des clubs, Club Saint-Simon, etc. Moi, je pense que nous avons à inventer une forme d'organisation politique qui soit un lieu d'invention politique réaliste. On peut dire que Marx avait l'Internationale etc., il a déjà pensé à des choses comme ça, mais il avait toujours une vision centraliste, scientiste ; il suffit de lire Bakounine : enfin Bakounine avait bizarrement raison dans ce qu'il disait de ...bon. Alors, je pense que dans un état du mouvement social où la défiance est très grande à l'égard de toute forme de centralisme, de toute forme d'autoritarisme, de toute forme de scientisme, il faut trouver des lieux où les chercheurs, les militants, et les militants-chercheurs, puissent se rencontrer.

Tout n'est pas, tout ne va pas dans le mauvais sens. Il y a un facteur positif, c'est que partout le niveau d'instruction s'est globalement élevé. Par exemple, les diri-

わたしがしようと思うこと、しようとしていること、役に立とうとしていること、それは、未来社会をめざす思考と行動の形を作り出しうるような場を作ることです。

　こういう風に言うと口先だけのことになりますが、組織面でなすべき大きな仕事があると考えています。これまで歴史上さまざまな組織形態がありました。共産党は細胞、その他の政治的研究集団はクラブ、といった具合です。サン＝シモン・クラブなどです。わたしは、現実主義的な政治創造の場であるような政治的組織を作るべきだと考えてるいるのです。マルクスはインターナショナルを持っていました。同じようなことを考えたのですが、彼のヴィジョンはいつも集中主義的、科学主義的でした。バクーニンを読めば分かります。バクーニンが言っていることは実によく当たっています。要するに、社会運動で、すべての集中主義、すべての権威主義、すべての科学主義に対する不信感が強い状況では、研究者、活動家、研究者的活動家が協同しうるような場を見つけなければならないと思います。

　万事がうまくいっていないわけではないので、ポジティヴな要因もあります。どこでも、教育水準が全体として向上しているということです。たとえばフランスでは、労働組合の指導者、いろいろな団体の指導者、失業者運動の指導者たちは大半の社会学者よりずっと有能です。

geants des syndicats, les dirigeants des associations, les dirigeants du mouvement de chômeurs, par exemple en France, sont beaucoup plus compétents que la plupart des sociologues français, et intellectuellement, et théoriquement et empiriquement. Voilà. Donc la distinction entre les cadres dirigeants et les intellectuels est en train de s'effacer. C'est un facteur.

Cela dit, la différence reste. C'est la différence de l'emploi du temps. Les militants, ils sont à accourir partout, à faire des manifestations, à organiser, etc. Les chercheurs ont le temps de s'asseoir, de lire des livres. C'est différent. Il faudrait le prendre en compte et travailler à le surmonter. Alors, ce que nous faisons, moi, j'essaie de faire un programme d'organisation utopique. Je rêve d'un personnage qui serait un génie de l'organisation et qui nous aiderait à inventer cette chose inouïe, qui n'existe pas encore, le congrès, je ne sais pas l'appeler comment, le congrès des militants et des chercheurs.

Nous allons essayer. Nous avons déjà eu des réunions de travail en France, des échanges internationaux. Nous allons faire une première réunion à Vienne en novembre où il y aura une soixantaine de chercheurs, alors, le problème évidemment, il n'y a pas de budget, les

知的にも、理論的にも、実践的にも。ですから、指導的幹部層と知識人の間の差異は解消しつつあるのです。これはひとつの要因です。

その上でですが、違いは残ります。時間の使い方の違いです。活動家は走り回っています。デモをやり、組織活動をしています。研究者は座って、本を読む時間があります。違いがあります。その点を考慮に入れて、克服する努力が必要です。わたしたちがやっていること、わたしがやろうとしていることは、ユートピア的な組織の計画です。組織の天才がいて、この、まだ存在しないもの、なんと呼んでよいか分かりませんが、コングレ、活動家と研究者の大会のようなものを組織することを助けてくれればよいのだが、と願っています。

いろいろな試みをしています。すでに、フランスで準備会議を持ちましたし、国際的にも連絡をとりました。11月にウイーンで最初の集会を開きます。60人前後の研究者が集まります。問題はもちろん資金がないことです。ロビーを持っていません。資金不足です。ヨーロッパ諸国の研究者、活動家が60人前後集まる最初の集会です。ラテン・アメリカの代表も来ます。アジアからも来て欲しいと思っています。それから、たぶん5月1日前後にアテネで別の集会を開きます。「ヨーロッパ社会運動のために」というアッピールを出したのが5月1日でした。それで5月1日に開催するわけです。アテネの場合はもっと余裕があ

lobbies, il n'y a pas d'argent. Nous allons faire une première réunion d'une soixantaine de chercheurs de tous les pays européens, chercheurs et militants, il y aura des représentants des pays de l'Amérique Latine, j'espère des pays asiatiques. Bon, et puis nous aurons une autre réunion à Athènes sans doute autour du premier mai. L'appel que nous avons lancé au mouvement social européen était du premier mai. Nous aurons le premier mai à Athènes, nous aurons une réunion. Là, nous aurons plus de moyens : le plus gros syndicat grec nous finance ainsi que le journal. Nous serons deux cents, trois cents.

Il y a une foule de problèmes. Est-ce que ça devrait être représentatif, comment les désigner, comment sont-ils élus, est-ce qu'il faut que tous les groupuscules soient représentés, il y a des rivalités entre les différents mouvements, il y a des difficultés internationales, des difficultés de langues, les Européens ne parlent pas les langues des uns des autres, le mouvement social, malgré leur niveau de l'instruction, n'est pas fait que des gens qui parlent les langues étrangères, c'est un grand obstacle. Voilà. Il y a des tas d'obstacles.

Le rôle des gens comme moi, ce serait de définir un agenda, ce qu'on va discuter, ce n'est déjà pas rien, et surtout comment on va discuter, c'est-à-dire : voilà il y

ります。ギリシア最大の労働組合が資金を出してくれます。それと新聞が。200人か300人の規模になるでしょう。

　多くの問題があります。代表制にすべきか。どうやって代表を指名するが。どうやって選ぶか。小さなグループのすべてを代表団に加えるべきか。いろいろな運動団体のあいだには競争関係があります。国際的な問題もあります。言語の問題。ヨーロッパの人間は互いの国の言葉を話すわけではありません。教育水準は高くとも、社会運動は外国語を話す人々だけで構成されているわけではありません。これは大きな障碍です。たくさんの障碍があります。

　わたしのような者の役割は計画を立てること、何を議論するかを定義することです。これだけでも意味のあることです。特に、どう議論するか。基調報告をする者、これは専門家、専門的能力のある者であることが多いわけですが、金融市場の仕組みを説明する。それに続いて、労働運動の活動家や社会団体の代表、専門家が討論の上、文書をまとめる、といった具合です。ユートピアかもしれません。しかし、［質問に対する］わたしの答えはそれです。答えは集団的な作業、どうしても長期的にならざるをえない集団的作業です。

　もう一言付け加えますが、この作業は始まっています。困難な問題のひとつは蓄積された作業をどう統合するかの問題です。実に多

aura un rapporteur, qui sera très souvent un expert, quelqu'un de compétent, qui dira : voilà le marché financier marche comme ça, comme ça, et puis il y aura des discussions où les syndicalistes, les représentants des associations, et les experts discuteront pour élaborer des textes... C'est peut-être une utopie, mais la réponse c'est ça. La réponse, ce sera le travail collectif nécessairement à long terme.

Cela dit, je prolonge une seconde. Ce travail a déjà commencé, et une des difficultés, c'est déjà de cumuler du travail accumulé, il y a déjà beaucoup, beaucoup de travail. Ici avec le Japon, il y bien vingt petites revues groupusculaires qui ont déjà produit des projets féministes etc. Moi, depuis que je suis un peu visible dans ce mouvement, je reçois tous les jours des documents, des projets, et le grand problème est d'intégrer tout ça, de les lire, de les dépouiller, d'en tirer des plates-formes, des livres. La petite collection de livres que nous produisons est pour une part le produit déjà de ce travail.

くの作業がなされています。日本でもフェミニズムの立場に立った提案をまとめた多くのグループの雑誌が出ています。わたしは社会運動で目立つ位置にありますから、毎日のように、いろいろな文書や提案を受け取ります。大きな問題は、どうやってそれらを統合するか、読み精査し、方向性を引き出し、本にまとめるか。わたしたちが出している小冊子のコレクション [*Raisons d'agir*] の一部はこの種の作業の所産です。

Windows(95)/98/ME/2000
ビデオCD-ROMの使い方

○本書付属のCD-ROMは、ピエール・ブルデュー講演の開場から終了まで約63分のビデオCD-ROM形式で自動再生されます。
なお、CD-ROMの操作について、藤原書店ならびに恵泉女学園大学ではサポートは行っていません。あしからずご了承ください。

○推奨動作環境
OS:Windows(95)/98/ME/2000
- Microsoft社のメディアプレイヤーがインストールされていること。
 (通常、Windows98以降には標準インストールされています。)
- Windows95の場合は、メディアプレイヤーをインストールしてからお使い下さい。
 (Microsoftのホームページからフリーダウンロードできます。)

CPU:Pentium 200MHz以上
メモリ:32MB以上
CD-ROMドライブ:8倍速以上
　これ以下の種類の場合・映像再生時にこま落ち及び音飛びが生じる場合があります。

本書に掲載された情報に基づく行為(CD-ROMの使用を含む)の結果として発生した損害、利益の損失、経費などについて、著者、藤原書店、恵泉女学園大学、および本書の制作関係者はいっさいの責任を負いません。

⚠ 警告：このディスクは「CD-ROM」です。一般オーディオ用プレーヤーでは絶対に再生しないで下さい。大音量によって耳に障害を被ったり、スピーカー等を破損する恐れがあります。

1. ビデオCD-ROMを起動

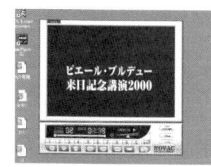

このCD-ROMはインストールの必要はありません。
本CD-ROMをパソコンのCD-ROMドライブに挿入すると**自動的に起動します。**

!起動しない場合

1. デスクトップ上の「マイコンピュータ」をダブルクリックします。

2. 「マイコンピュータ」の中の「VCDPLAY」アイコンをダブルクリックします。
   これで〈ビデオCD-ROM〉が起動します。

2.〈ビデオCD-ROM〉ムービー操作および終了

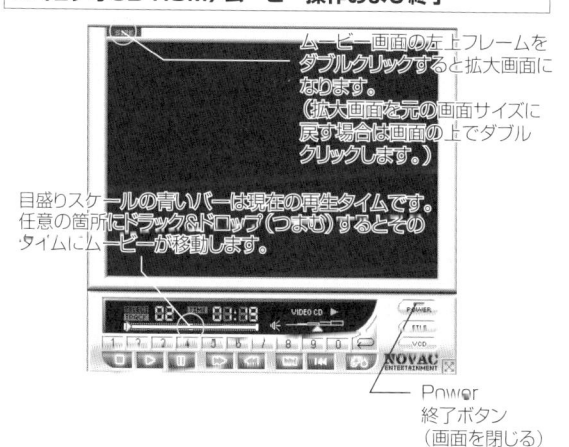

ムービー画面の左上フレームを**ダブルクリックする**と拡大画面になります。
(拡大画面を元の画面サイズに戻す場合は画面の上でダブルクリックします。)

目盛りスケールの青いバーは現在の再生タイムです。任意の箇所にドラック&ドロップ(つまむ)するとそのタイムにムービーが移動します。

Power
終了ボタン
(画面を閉じる)

Pierre BOURDIEU

ビデオCD-ROMブック〈Windows版〉
ピエール・ブルデュー来日記念講演2000

2001年9月20日　発行

著　者	ピエール・ブルデュー
編集・構成/訳・解説	加藤晴久
発　行	恵泉女学園大学 〒206-0032 東京都多摩市南野2-10-1
発　売	株式会社　藤原書店 〒162-0041 東京都新宿区早稲田鶴巻町523
印刷・製本 ビデオCD-ROM	株式会社　シーエーシー

本書掲載の記事、写真およびビデオCD-ROMを無断で複写(コピー)、転訳載および磁気または光記録媒体への入力等を禁じます。
落丁・乱丁本はお取り替えいたします。

©KEISEN UNIVERSITY 2001 Printed in Japan　　　　ISBN4-89434-238-3